信息化背景下计算机网络与教育创新研究

耿斌 著

西北工业大学出版社

西安

【内容简介】 本书内容分为计算机网络发展研究、教育信息化与网络教育的相关探究、计算机网络教育与传统教育的比较与互补研究、计算机技术作用于教育信息化的过程研究、现代教育创新的主要舞台——网络教学平台、计算机网络教育创新的主要思考和计算机网络教育的展望等七章。

本书可作为从事相关科研工作人员的参考书，也可供高等院校网络教育人员的参考书。

图书在版编目（CIP）数据

信息化背景下计算机网络与教育创新研究 / 耿斌著. 一西安：西北工业大学出版社，2019.10
ISBN 978-7-5612-6650-2

Ⅰ.①信… Ⅱ.①耿… Ⅲ.①网络教育－教育研究 Ⅳ.①G434

中国版本图书馆 CIP 数据核字(2019)第 228828 号

XINXIHUA BEIJINGXIA JISUANJI WANGLUO YU JIAOYU CHUANGXIN YANJIU
信 息 化 背 景 下 计 算 机 网 络 与 教 育 创 新 研 究

责任编辑：王　静		策划编辑：雷　鹏	
责任校对：孙　倩		装帧设计：吴志宇	

出版发行：西北工业大学出版社
通信地址：西安市友谊西路 127 号　　　邮编：710072
电　　话：（029）88493844　88491757
网　　址：www.nwpup.com
印 刷 者：广东虎彩云印刷有限公司
开　　本：710 mm×1 000 mm　　1/16
印　　张：11.5
字　　数：232 千字
版　　次：2019 年 10 月第 1 版　　2019 年 10 月第 1 次印刷
定　　价：68.00 元

如有印装问题请与出版社联系调换

前　　言

　　信息，与物质和能源一样，是构成人们赖以生存的三大资源之一。信息技术的高速发展与广泛应用，引发了一场全球性的产业革命，正推动着各国经济的发展与人类社会的进步。计算机网络和网络世界把人类带入了一个新的时代——网络化时代。

　　随着信息和网络技术的发展，计算机网络为教育方式多样化发展提供了重要的传播途径，同时为人们提供了更加优良的学习环境。网络化时代的到来要求教育自我发展以适应时代的要求。在网络化时代，知识的性质及其社会功能、教育所能运用的传播手段、教育的社会需求和要求都有很大的改变。计算机网络已不仅仅是一种新技术的象征，而是成为一种发展、革新的力量，其在教育中的爆炸性渗入和迅速发展，影响着教育实践以及传统意义上教育体系的改变，对现存教育制度、教育理论、教育模式、课程内容、教师职能和学习方式等提出了挑战。面对来自计算机网络的冲击与挑战，人们必须打破传统理论的羁绊，做好全方位变革的思想准备，并采取新措施。

　　鉴于此，笔者撰写了本书，全书首先从计算机网络入手，对其发展现状、功能及信息时代的地位等内容进行阐释；其次论述计算机网络教育与传统教育的不同，对两者的关系及优劣势进行详细的解读，为计算机网络教育的产生提出现实依据；然后由计算机技术产生的教育信息化与网络教育模式展开分析，从内涵、特点、目的和规律等方面入手探讨两者的基本特性，探讨发展中现存的问题，提出解决问题的对策，以充分利用和发挥现代社会网络化的教育优势。最后，回顾计算机网络与教育创新的历史发展，并对其未来的发展前景提出新的展望。

　　本书力图体现以下五方面的特征：理论先进性，探讨教育前后新变化、新发展；资料广泛性，查阅大量书籍、报纸和网络文章等，内容充实，信息含量大；价值实用性，发挥教育指导作用；观点比较性，与传统教育进行比较分析，从而扬长避短；理性角度，从教育学角度探讨和分析计算机网络与教育的关系，提出促进两者发展的策略方法。

　　在本书编写过程中得到了许多专家、学者的帮助，并参阅了相关的文献资料，在此，表示诚挚的谢意，由于计算机网络涉及的知识领域广泛，发展也十分迅速，加之自身水平有限，书中的疏漏或不当之处在所难免，还望广大读者指正。

著　者
2019 年 7 月

目　　录

第一章　计算机网络发展研究 ... 1

第一节　计算机网络的发展与现状 ... 1
第二节　计算机网络的概念与功能 ... 3
第三节　计算机网络在信息时代的地位与作用 ... 46

第二章　教育信息化与网络教育的相关探究 ... 50

第一节　教育信息的基本概念 ... 50
第二节　教育信息化的层次 ... 60
第三节　教育信息化的发展与现状 ... 63
第四节　网络教育的特点分析 ... 69
第五节　网络教育的理念探究 ... 70

第三章　计算机网络教育与传统教育的比较与互补研究 ... 88

第一节　计算机网络教育与传统教育的比较研究 ... 88
第二节　计算机网络教育与传统教育的优势互补研究 ... 92

第四章　计算机技术作用于教育信息化的过程研究 ... 98

第一节　计算机网络促进深化教育信息化 ... 98
第二节　计算机网络运用于教育的主要途径 ... 102
第三节　现代信息技术与课程整合探究 ... 105
第四节　人工智能技术在教育信息化中的应用 ... 110
第五节　软件开发技术应用于教育信息化 ... 117

第五章　现代教育创新的主要舞台——网络教学平台 ... 122

第一节　网络教学平台的界定与功能 ... 122
第二节　打造适合于师范教育特点的网络教学平台 ... 124
第三节　提高教学资源设计的质量，突出设计资源的创新性 ... 126
第四节　应用网络教学平台中的交互功能，突出手段创新 ... 131
第五节　适时进行跟踪服务，做到管理创新 ... 138

第六节　实时用好评价工具，引领教育创新 140
   第七节　基于网络教学平台的混合学习模式构建 143
   第八节　网络教学平台应用成效影响因素分析与提升策略探究 152

第六章　计算机网络教育创新的主要思考 156

   第一节　计算机网络环境下的"教"与"学" 156
   第二节　计算机网络环境下新型教育模式 160
   第三节　计算机网络环境下教育教学的反思 168

第七章　计算机网络教育的展望 172

参考文献 175

第一章 计算机网络发展研究

由于社会经济水平的不断提高，我国的科学技术得到了很大的进步，与此同时，计算机技术也得到了迅猛的发展。本章主要论述计算机网络的发展与现状、计算机网络的概念与功能、计算机网络在信息时代中的地位与作用。

第一节 计算机网络的发展与现状

进入信息化时代，计算机网络作为信息社会的基础设施，已成为整个社会结构的一个基本组成部分。目前，计算机网络已经应用于工业生产、邮电通信、文化教育、交通运输、航空，在精彩的网络世界里进行网页浏览、网上购物、信息查询、视频点播、远程教学、电子政务、网络游戏等各项日常活动，享受着网络带来的便利。目前计算机网络已经遍布社会的各个领域，彻底改变了人们对这个世界的认知，给人们带来了颠覆性的改变，主要体现在以下几个阶段。

一、第一代计算机网络

世界上最早的数字电子计算机是 1946 年由美国宾夕法尼亚大学研制的，当时轰动了整个世界，同时宣告了信息革命的开始。至 1954 年，一种具有收发器功能的终端诞生，利用该终端，人们首次通过电话线把数据发送至远端的计算机，这标志着计算机开始与通信相结合[1]。

第一代计算机网络是以计算机主机为中心的，一台或多台终端围绕计算机主机分布在各处，而计算机主机的任务是进行成批处理，用户终端则不具备数据处理能力。严格说来，这种网络结构根本不能算是真正的计算机网络，因为终端不具备独立工作的能力。所以人们现在所说的计算机网络，通常不是指第一代计算机网络，而是从第二代计算机网络开始算起。到了 20 世纪 50 年代中后期，通过多路复用器、线路集中器、前端控制器等通信控制设备，计算机网络系统可以将在地理上分散的多个终端通过公用电话交换网络集中连接到一台主机上，这才是真正意义上的第一代计算机网络。

---

[1] 谢希仁. 计算机网络[M]. 北京：电子工业出版社，2017.

二、第二代计算机网络

1968年，美国麻省坎布里奇(剑桥)的BBN公司，开始研制适合计算机通信的网络。1969年，建成了连接美国加州大学洛杉矶分校(UCLA)、加州大学圣巴巴拉分校(UCSB)、斯坦福大学(SRI)和犹他大学(UTAH)4个节点的ARPANET，并投入运行。概念发生了根本性的变化，它的研究成果对于网络技术的发展具有重要的促进作用，为Internet的形成和发展奠定了基础，ARPANET被公认为是世界上第一个采用分组交换技术组建的网络。在研究ARPANET的同时，一些厂商也在研究计算机连网技术，推出了自己的网络产品，组成了自己的网络，如IBM公司、DEC公司等。20世纪70年代末，微型计算机的问世使局域网得到了迅速的发展。

APPNAET的运行成功使计算机网络的概念发生了根本性的变化，也标志着计算机网络的发展进入了一个新的纪元。这种在计算机网络中运行各种应用程序的计算机称为主机，这些主机提供资源共享，组成"资源子网"，各计算机转接后互连。

第二代计算机网络中的终端用户不仅可以共享"通信子网"中的线路和设备资源，还可以共享用户"资源子网"的丰富硬件和软件资源。这种以"通信子网"为中心的计算机网络就构成了第二代计算机网络。

第二代计算机网络采用"存储－转发"的数据通信方式，也就是各个IMP在接收到数据后，先按接收顺序把数据存储在自己的缓存中，然后再按接收顺序依次进行数据转发。第二代计算机网络的这种既分散又统一的多主机计算机网络，使得整个计算机网络的系统性能大大提高，同时也不会因为单机故障而导致整个网络系统瘫痪。

三、第三代计算机网络

第二代计算机网络虽然采用了"存储－转发"的传输方式，但仍存在许多弊端，主要表现为没有统一的网络体系架构和协议标准。尽管第二代计算机网络已经进行了通信子网和资源网的两级分层，但不同公司的网络体系结构都只适用于自己公司的设备，不能进行互连。针对以上情况，OIS于1984年发布。OSI/RM的诞生也标志着第三代计算机网络的诞生。此时的计算机网络在共同遵循OSI标准的基础上，形成了统一的计算机网络体系结构，并遵循国际标准的开发式和表示化。

四、第四代计算机网络

第三代计算机网络中的OSI/RM体系构架的诞生，大大促进了以Internet为代表的因特网的发展，这就是第四代计算机网络。第四代计算机网络的定义为"将多个具有独立工作能力的计算机系统通过通信设备和路由功能完善的网络软件实现资源共享和数据通信的系统"，它所采用的协议为 TCP/IP 协议规范。1980 年左右，DARPA 开始致力于计算机技术的研究，构成了最初期的因特网，推出了 TCP/IP 协议集，将 TCP/IP 嵌入 UNIX 操作系统，并把 TCP/IP 作为异种计算机互连的协议集。1986 年，美国国家科学基金会 NSF 把建立在 TCP/端口协议集上的主干网 NSFNET(National Science Foundation Network)向全社会开放。20 世纪 90 年代以来，特别是 1991 年 WWW(World Wide Web)技术的实现，Internet 被国际社会广泛接受。从此，Internet 的功能和信息服务获得了空前的发展，其注册的主机数和用户数进入了高速增长的时期，成为今天众所周知的全球性的互连网络[①]。

五、下一代计算机网络

下一代计算机网络是因特网、移动通信网络、固定电话通信网络的融合，网络和光网络的融合是可以提供业务与呼叫控制分离、呼叫与承载分离的网络，是基于统一协议的、基于分组的网络。人们能看得见的一些下一代计算机网络的主要特征包括计算机网络、电信网络和电视网络的融合，物联网、虚拟化、云计算、HTML5 等新的革命性技术等。

第二节　计算机网络的概念与功能

一、计算机网络的概念

21 世纪是一个以计算机为核心的信息时代，要了解计算机的准确定义，掌握计算机网络的主要功能、零件和技术等，计算机以网络设备(如路由器、交换机)和传输介质(如双绞线、光纤)连接起来，按照网络协议相互通信，以实现资源共享。要注意的是，处于网络中的计算机应具有独立性，如果一台计算机被另一台所控制，那么它就不具备独立性。同样，一台带有大量终端的大型机组成的分时系统也不能称为网络[②]。

计算机网络是计算机技术与通信技术结合的产物。对于计算机网络的概念，人们是从通信设备和传输媒体两方面所熟知的。它们使计算机具有独立功能，通信软件的应用，使计算机的功能得以完善，从而实现信息资源共享、数据交换和

---

① 谢希仁. 计算机网络[M]. 北京：电子工业出版社，2017.
② 吴功宜，吴英. 计算机网络高级教程[M]. 北京：清华大学出版社，2015.

协同工作。网络中的每台计算机称作一个节点(Node)。可见，计算机网络是多台计算机彼此互连，以相互通信和资源共享为目标的计算机系统。由此得知，一个计算机网络是把各个方面的信息，从笼统模糊的概念转化为具体清晰的知识点。而各地的计算机网络可以相互共通，从而实现资源共享数据共享。这些计算机通过通信路线构成一个强大的功能系统。计算机网络就是这些通信路线所构成的集合体。这些计算机网络具有自主功能，通过自主操作达到方便人类的目的。计算机技术和通信技术的组合便产生了计算机网络。而计算机网络也为数据传递和交换提供了必要基础。计算机技术需要渗透到通信技术，而通信网络中要体现出计算机的种种功能，两者之间相辅相成，互促进步。

目前，对于计算机网络还没有十分严格的定义。国内比较通用的计算机网络的概念被定义为不同地点具有不同功能的多个计算机系统在比较完善和强大的功能软件协助下，能够通过线路和通信设备来实现网络数据资源共享的目的[①]。当代计算机技术与通信技术相结合的产物，就是通过通信线路连接起来的自治的计算机集合。可以从以下三方面来理解：

(1) 必须有两台或两台以上具有独立能力的计算机系统，以共享资源为目的而连接起来，这里要求每台计算机之间有一定的物理距离，并且系统能够独立地工作，无需借助其他系统的帮助。

(2) 实现两台或两台以上的计算机连接、共享资源，必须有一条物理通路。这条通路是由物理原理可解释通的。需要的物理介质可以是光纤或是双绞线，也可以利用无线介质，如微波、激光等。

(3) 计算机系统之间进行信息交换，必须有约定的规则，这个规则就是通信协议。

所谓共享资源，即连接在计算机网络上的用户可以共享网络上的各种资源。现在计算机网络与电信网络和有线电视网络一样，已经成为一种通信基础设施，计算机上运行的各种应用程序通过彼此间的通信，就能为用户提供更加丰富多彩的服务和应用。

二、计算机网络的功能

计算机网络在不同的情境下所表现出来的功能有所差异，而侧重点的不同，也使计算机网络具备了不同的基础功能，下面进行详细的介绍。

(一) 共享数据信息

设计出计算机网络的主要目的是实现资源数据的共享，而这也成了计算机飞速

---

① 徐劲松. 计算机网络应用技术[M]. 北京：北京邮电大学出版社，2015.

发展的主要动力。早期计算机硬件设备十分昂贵，软件资源十分缺乏，为了使更多的人有机会利用计算机进行工作，人们开始考虑设备连接公用的问题。美国是最早鼓励科研院所连网共享计算机资源的国家，因特网就是从那个时候开始起步的。后来计算机的硬件价格下降，促使网络飞速延伸，网络中的信息也逐渐丰盈，人们共享的内容有了实质性的变化，从早期的硬件设备共享过渡到信息共享。现在网络上有许多存放各种信息的数据库，完全能满足信息社会人类生活的信息需求。

（二）信息通信

信息通信是计算机网络的主要功能，也是计算机网络最主要的应用项目之一。信息通信并不是当初连网要实现的一个内容，但是，随着计算机网络的不断扩大，网络承担了越来越多的信息传递任务[①]，传递的信息种类也不再是单一的生产单位、业务部门计算机之间的工作信息，更多的是社会生活信息。现在计算机网络的通信功能早已成为人们青睐网络的主要原因。

（三）分布处理

计算机网络具有的任务分布处理功能是计算机功能的扩充，它不但能减轻单机过重的负荷，均衡网络资源的使用效率，也能将大的任务分解并交给不同的计算机进行分布处理，充分发挥中小型计算机的作用，提高网络设备的利用率。分布处理功能使计算机联合工作协调处理大型任务成为可能，现在大量的应用项目，如分布指纹识别系统，就是利用网络的分布处理功能实现大量数据的快速处理的。

（四）提高可靠性

提高计算机的可靠性是因特网建设最原始的初衷，在计算机网络中计算机资源互为后备，众多的可替代资源无疑提高了计算机的可靠性。网络中的软件资源可以在多台计算机中保留副本，不论是硬件故障还是软件问题，人们都可以避开故障源，单机问题不会影响软件资源在网络中的使用。就计算机任务处理而言，计算机网络是大的多机系统，故障机的任务可由其他机器分担，所以网络的继续运行能力使计算机的处理能力在连网后大幅提高，工作可靠性明显提高。

（五）可扩充功能

当计算机系统不堪重负时，就要考虑改善计算机系统的性能，提高处理器的处理能力。单机环境只能靠更换高性能的计算机来解决问题，更换设备不但耗资巨大，旧设备废弃或闲置也是资源浪费。计算机网络的高可扩展性为改善计算机

---

① 徐劲松. 计算机网络应用技术[M]. 北京：北京邮电大学出版社，2015.

的处理能力提供了简捷的途径。

三、计算机网络安全基础知识

（一）计算机网络安全的概念

网络安全是指网络系统的硬件、软件及其系统中的数据受到保护，不因偶然或者恶意的行为而遭到破坏、更改、泄露，系统持续可靠正常地运行，网络服务不中断。

一个现代网络系统若不含有网络安全措施，就不能认为是完整的。从本质上来说，网络安全是网络上的信息安全。网络安全涉及的领域相当广泛。从广义来说，凡是涉及网络上信息的保密性、完整性、可用性、真实性和可控性的相关技术和理论，都是网络安全所要研究的领域。

网络安全可以从以下几个角度来理解：从用户的角度来说，涉及个人隐私或商业利益的信息在网络上传输时受到机密性、完整性和真实性的保护，避免信息被窃听、冒充、篡改、抵赖以及非授权访问和破坏；从网络管理者的角度来说，他们对本地网络信息的访问、读写操作受到保护和控制，避免出现病毒、非法存取、拒绝服务及网络资源非法占用和非法控制威胁；从教育工作者的角度来说，网络上不健康的内容会影响青少年成长，必须对其加以控制[1]。

由此可见，网络安全在不同的环境和应用中会有下述不同的解释：

（1）运行系统安全。运行系统安全指的是保证信息处理和传输系统的安全。它包括法律、政策的保护，计算机机房环境的保护，计算机结构设计上的安全性考虑，硬件系统的可靠安全运行，计算机操作系统和应用软件的安全，数据库系统的安全，电磁信息泄露的防护等。

（2）系统信息的安全。系统信息的安全包括用户口令鉴别、用户存取权限控制、数据存取权限、方式控制、安全审计、安全问题跟踪、计算机病毒防治、数据加密。

（3）信息传播的安全。信息传播的安全即信息传播后果的安全，包括不良信息的过滤。

（4）信息内容的安全。信息内容的安全即通常所说的狭义上的"信息安全"。它侧重于保护信息的保密性、真实性和完整性，避免攻击者利用系统的安全漏洞进行窃听、冒充、诈骗等有损于合法用户的行为。显而易见，网络安全与其所保护的信息对象有关，本质上是在信息的安全期内，保证其在网络上流动时或静态存放时不被非授权用户非法访问，但授权用户却可以访问。

---

[1] 芦晓丽. 计算机网络与安全管理[M]. 北京：化学工业出版社，2014.

(二) 计算机网络安全的需求

网络的安全需求是为保证系统资源的保密性、安全性、完整性、可靠性、有效性和合法性，为维护正当的信息活动，采取的组织技术措施和方法的总和[①]。

(1) 保密性。保密性指利用密码技术对信息进行加密处理以防止信息泄露。

(2) 安全性。安全性标志着一个信息系统的程序和数据的安全保密程度，防止非法使用和访问的程度。

(3) 完整性。完整性标志着程序和数据的信息完整程度，使程序和数据能满足预定要求。完整性分软件完整性和数据完整性两个方面。

(4) 服务可用性。服务可用性指对符合权限的实体能提供优质的服务，是适用性、可靠性、及时性和安全保密性的综合表现。

(5) 有效性和合法性。有效性和合法性有两层含义：信息接收方应能证实它所收到的内容和顺序都是真实的，应能检验收到的信息是否过时或为重传的信息；信息发送方不能否认从未发过任何信息并声称该信息是接收方伪造的，信息的接收方不能对收到的信息进行任何修改和伪造，也不能抵赖收到信息。

(6) 信息流保护。信息流保护指网络上传输信息流时，应该防止有用信息的空隙之间被插入有害信息，避免出现非授权的活动和破坏。

(三) 计算机网络安全的内容

网络安全的实质是安全立法、安全管理和安全技术的综合实施，这 3 个层次体现了安全策略的限制、监视和保障职能。网络安全技术涉及的内容很多，它的研究内容主要有网络安全技术，网络安全体系结构，网络安全设计，网络安全标准制定、评测及认证，网络安全设备，安全管理、安全审计，网络犯罪侦查，网络安全理论与政策，网络安全教育，网络安全法律。

1. 安全控制

安全控制是指微机操作系统和网络通信设备上，对存储和传输的信息的操作和进程进行控制和管理，主要是在信息处理层次上对信息进行初步的安全保护，分为操作系统的安全控制和网络互连设备的安全控制。

2. 安全服务

安全服务是指在应用程序中对信息的秘密性、完整性和来源真实性进行保护和鉴别，满足用户的安全需求，抵御各种安全威胁和攻击手段。这是对现有操作系统和通信网络的安全漏洞问题的弥补和完善。

安全服务主要包括安全机制、安全连接、安全协议和安全策略等内容。

[①] 陈建伟，张辉. 计算机网络与信息安全[M]. 北京：中国林业出版社，2006.

(1) 安全机制是利用密钥算法对重要而敏感的信息进行处理，包括加密/解密，数字签名/签名验证，信息认证。安全机制是安全服务乃至整个安全系统的核心关键，现代密钥学的理论和技术对安全机制的设计具有重要作用。

(2) 安全连接是在安全处理前与网络通信方之间的连接过程，为安全处理进行必要的准备工作。安全连接主要包括会话密钥的分配和生成、身份验证。

(3) 安全协议。安全协议是多个使用方为完成某些任务所采取的一系列的有序步骤。协议的特性是预先建立、相互同意、非二义性和完整性。安全协议使网络环境下不信任的通信方能够相互配合，并通过安全连接和安全机制的实现保证通信过程的安全性、可靠性和完整性。

(4) 安全策略。安全策略是安全体制、安全连接和安全协议的有机组合方式，是系统安全性的完整的解决方案，决定了信息安全系统的整体安全性和实用性。不同的通信系统和具体的应用环境决定不同的安全策略。

信息安全系统的设计和实现分为安全体制、网络安全连接和网络安全传输 3 部分。

第一，安全体制。安全体制包括安全算法库、安全信息库和用户接口界面。

1) 安全算法库：包括私钥算法库、公钥算法库、Hash 函数库、密钥生成程序、随机数生成程序等安全处理算法。

2) 安全信息库：包括用户口令和密钥、安全管理参数及权限、系统当前运行状态等安全信息。

3) 用户接口界面：包括安全服务操作界面和安全信息管理界面。

第二，网络安全连接。

网络安全连接包括安全协议和网络通信接口模块。

1) 安全协议：包括安全连接协议、身份验证协议、密钥分配协议。

2) 网络通信接口模块：根据安全协议实现安全连接，一般有两种方式实现：

安全服务和安全体制在应用层实现，经过安全处理后的加密信息送到网络层和数据链路层，进行透明的网络传输和交换，这种方式的优点是实现简单，不需要对现有系统做任何修改，用户投资数额较小。

对现有的网络通信协议进行修改，在应用层和网络层之间加一个安全子层，实现安全处理和操作的自动性和透明性。

第三，网络安全传输。网络安全传输包括网络安全管理系统、网络安全支撑系统和网络安全传输系统。

1) 网络安全管理系统。安全管理系统安装于用户终端或网络节点上，是由若干可执行程序所组成的软件包，提供窗口化、交互化的"安全管理器"界面，由用户或网管人员配置、控制和管理数据信息的安全传输，兼容现有通信网络管理标准，实现安全功能。

2) 网络安全支撑系统。整个信息安全系统的可信方，是由网络安全管理人员维护和管理的安全设备和安全信息的总和，包括：

① 密钥管理分配中心：负责身份密钥、公钥和秘钥等密钥的生成、分发、管理和销毁。

② 认证鉴别中心：负责对数字签名等信息进行鉴别和裁决。

3) 网络安全传输系统。该系统包括防火墙、安全控制、流量控制、路由选择、审计报警。

（四）实现网络安全的原则

在开放式的网络环境中，安全和不安全因素、可信和不可信用户同时存在。为了保护系统通信的安全，保护合法用户的利益和隐私，所以开放式的网络环境需要安全保护措施。同时，为了保证系统的兼容性，减少安全保护的系统开销，方便用户的使用和系统的管理，实现安全保护应遵循以下几项原则：

(1) 应用中在靠近用户的位置设置安全保护措施。为保护用户的合法权益，最好在与用户直接打交道的接口处实施安全保护，不要信赖端系统或通信线路等外部环境的安全保护措施。

(2) 尽量减少可信的第三方数量。信任关系越少，就越能减少不安全因素，保证通信的安全性。

(3) 将实施安全的策略和具体的安全实现分开，使安全管理方便、简捷、有通用性，使安全实现的具体方法具有灵活性、多样性和独立性。

(4) 安全策略的实现是个整体的概念，不能只在网络协议的某一层或几层增加安全保护的措施，而应从所有的协议层来整体考虑如何增加安全保护，使各层之间保持一致，减少重复，提高安全实现的效率，减少安全漏洞。

(5) 尽可能保持原有网络协议的特点和系统的通用性，不因新增加的安全措施而违背开放式网络的原则。

(6) 采用统一的内部结构和外部管理接口来实现必要的安全措施。减少用户的干预，使用户和上层的应用程序感觉不到所增加的安全措施的影响。

（五）网络安全常用的概念

1. 加密

密码学是加密、解密、数据完整性维护、鉴别交换、口令存储与检验等功能的前提，是许多安全服务与机制的基础。它一方面用来保护信息的安全性，防止遭到攻击，另一方面实现一些攻击技术，如对消息流的观察和篡改、通信业务流分析、抵赖、伪造、非授权连接。

加密的含义是把敏感数据变换成敏感性较弱的形式，它既可以是对称的，也可以是非对称的。对称加密算法是指通信双方采用相同的密钥，因此带来密钥存储与分配的问题。非对称加密算法有时称为公开密钥算法，即公开一个密钥，而隐藏另一个密钥，一个密钥不能从另一个密钥计算出来。

2．密钥管理

密钥管理包括密钥的产生、分配与控制。关于密码管理需要考虑的要点包括对于每一个明显或隐含指定的密钥，使用基于时间的"存活期"，或使用别的准则；按密钥的功能恰当地区分密钥以便可以按功能使用密钥。

对于对称密钥算法，要使用密钥体系并用密钥管理协议中的机密性服务运送密钥。对于非对称密钥算法，要使用密钥管理协议中的完整性服务或数据抗抵赖服务秘密运送公钥。

3．数字签名

数字签名使用非对称密钥算法来提供诸如抗抵赖服务与对象鉴别等安全服务，特征是不使用私有密钥就不能生成签过名的那个数据单元。这意味着，签过名的数据单元除了私有密钥的占有者外，别的人是不能制造出来的；接受者不能生成签过名的数据单元。

4．访问控制

访问控制通过使用访问控制表、口令以及权力标志，把对资源的访问只限于被授权用户，实施对资源访问加以限制的策略。

5．数据完整性

数据完整性机制有两种类型：一种用来保护单个数据单元的完整性；另一种既保护单个数据单元的完整性，也保护整个数据流序列的完整性。

6．消息流的篡改检测

消息流篡改检测技术用来检测消息流的非法改变，与通信链路和网络的比特检错、码组检错与顺序检错相关联。

7．鉴别交换

鉴别交换根据不同的场合有多种选择与组合。例如，当对等实体及通信手段都可信任时，一个对等实体的身份可以通过口令来证实；当每个实体信任它的对等实体但不信任通信手段时，抗主动攻击的保护能够由口令与加密联合提供，或由密码手段提供；当实体不信任它们的对等实体或通信手段时，使用抗抵赖服务。

8．通信业务的填充

通信业务填充通过制造伪通信业务和将协议数据单元填充到一个定长，来防止通信业务分析，对网络安全提供保护。

9．路由选择控制

路由选择控制可用来保证数据只在物理上安全的路由上传输，或保证敏感数据只在具有适当保护级别的路由上传输。

10．公证

公证建立在可信任的第三方的概念之上，从而确保在两个实体间交换的信息的某些性质不至于变化。

(六) 网络安全的模型

网络安全模型是基于发信者 S(Sender)、收信者 R(Receiver)、敌人 E(Enemy)和监控管理方 B(Boss)的四方模型，如图 1-1[①]所示。通信双方(主体)通过协调通信协议，可以建立逻辑 6 信息通道。在主体之间进行数据传输的过程中，会面临各种不同的安全威胁和安全攻击(如通信被中断、数据被截获、信息被篡改等)，所以主体必须采取相应的安全措施以防止敌人对信息的保密性、可靠性造成破坏。

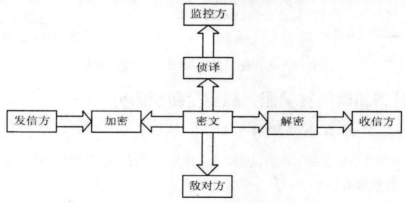

图 1-1　信息系统的四方模型

非安全通信信道上的网络安全模型信息流如图 1-2 所示。由于万维网通信方式大都采用客户服务器方式来实现，因此其安全模型采用图 1-3 所示的安全模型来描述。其侧重点在于如何有效地保护客户端对服务器的安全访问，如何有效地保护服务器的安全性。为了有效保护模型中信息系统的各种资源及对付各种网络

---

① 本章所有图片参阅了陈建伟，张辉．计算机网络与信息安全[M]．北京：中国林业出版社，2006．

攻击，在模型中加入了守卫(Guard)功能。守卫可以有效地利用安全技术对信息流进行控制，如对客户端进行身份认证、对客户端对服务器的请求信息进行过滤、对服务器的资源进行监视审计，从而抵御大部分的安全攻击。

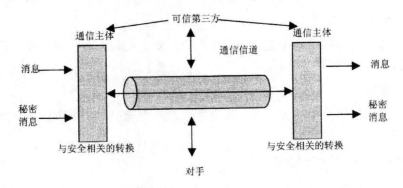

图 1-2　网络安全模型

图 1-3　客户机/服务器下的网络安全访问模型

四、计算机网络安全服务和安全机制研究

（一）安全服务的种类

针对网络系统受到的威胁，OSI 安全体系结构提出了下述几种安全服务。

1. 鉴别服务

鉴别分为对等实体鉴别和数据原发鉴别，对等实体鉴别指确认有关的对等实体是其声称的实体，数据原发鉴别指确认接收到的数据的来源的真实性。鉴别可以是单向的也可以是双向的，可以带有效期检验，能防止冒充或重传以前的连接，也即防止伪造连接初始化这种类型的攻击。

对等实体鉴别服务当由 OSI 模型的(N)层提供时，将使(N+1)层实体确信与之打交道的对等实体正是它所需要的(N+1)层实体。这种服务在连接建立或在数据传送阶段的某些时刻提供使用，用以证实一个或多个连接实体的身份。使用这种服务可以确信(仅仅在使用时间内)，一个实体此时没有试图冒充别的实体，或没有试图将先前的连接作非授权地重演。这种服务能够提供各种不同程度的保护。

数据原发鉴别服务由 OSI 模型的(N)层提供时，将使(N+1)层实体确信数据来源正是所要求的对等(N+1)层实体。数据原发鉴别服务对数据单元的来源提供确认，这种服务对数据单元的重复或篡改不提供保护。

2．访问控制服务

访问控制服务防止未经授权的用户非法使用系统资源，包括用户身份验证和权限确认。该服务不仅可以提供给单个用户，也可以提供给封闭的用户组中的所有用户。

访问控制关注的是防止网络或网络资源的非授权使用，通过授权而有助于保密性、可获得性和完整性。授权通常是对一对活跃的实体而言：发起端和目标端。通过授权，能够决定哪一个发起者，可以访问和使用哪一个目标系统和网络服务。访问控制也负责选择路由，其目的在于防止敏感信息，从某个不可信任的网络或子网传输。访问控制要能防止存储对象如内存、磁盘在重新分配时，由前一个使用这些对象的用户留下的信息被后一个用户非授权使用。最简单的方法是在对象分配时清除所有的内容。

访问控制限制的是 OSI 可访问资源的非授权使用。这些资源是经 OSI 协议访问到的 OSI 资源或非 OSI 资源。这种保护服务可应用于对资源的各种不同类型的访问(例如：使用通信资源；读、写或删除信息资源；处理资源的执行)或应用于对一种资源的所有访问。这种访问控制要与不同的安全策略协调一致。

3．数据保密服务

数据保密服务的目的是保护网络中各系统之间交换的数据，防止因数据被截获而造成的泄密。其包括以下内容：

(1) 连接保密，即对某个连接上的所有用户数据提供保密。但在某些使用中和层次上，保护所有数据是不合适的，例如，连接请求中的数据。

(2) 无连接保密，即对一个无连接数据包的所有用户数据提供保密。

(3) 选择字段保密，对一个协议数据单元中的用户数据的一些经选择的字段提供保密。这些字段或处于(N)连接的(N)用户数据中，或为单个无连接的(N)SDU 中的字段。

(4) 信息流安全，即对可能从观察信息流就能推导出的信息提供保密，使得通过观察通信业务流不可能推断出其中的机密信息。信息传输本身所体现出的特点包括源地址、目的地址、频度和流量的大小。

保密性服务有两种基本的方法。一种方法是已定义的安全域(Security Domains)中的实体。一个安全域包含所有的主机和资源，以及用来连接它们的传输媒体，它们都遵守一个正式的安全策略，并能够为用户提供一定的安全级别。安全域中的主机之间存在某种程度的信任关系，并且它们之间能够提供和获得某些服务，而在安全域以外的主机却无法得到。安全域中也能够包含其他的网络和子网，并且它们也拥有相同的信任级别。

另一种方法是使用加密技术，加密可使明文变换为密文，而只有拥有解密密钥的目标接收者才能将密文重新转换为明文。当从源主机发送的报文，离开当前的安全域而不得不经过中间网络到达目的主机时，需要采用加密技术，防止重要的信息在网络上传输时被截获。

4. 数据完整性服务

数据完整性服务用来防止非法实体的主动攻击，以保证数据接收方收到的信息与发送方发送的信息完全一致。在一次连接上，连接开始时使用对等实体鉴别服务，并与在连接的存活期使用的数据完整性服务联合起来，为在此连接上传送的所有数据单元的来源和完整性提供确认，而且，如果使用顺序号[①]，还能另外为数据单元的重复提供检测。具体提供的数据完整性服务有以下 5 种：

(1) 可恢复的连接完整性，该服务对一个连接上的所有用户的数据完整性提供保障，而且对任何服务数据单元的修改、插入、删除或重放都可使之复原。

(2) 无恢复的连接完整性，该服务除了不具备恢复功能之外，其余同前。

(3) 选择字段的连接完整性，该服务提供在连接上传送的选择字段的完整性，并能确定所选字段是否已被修改、插入、删除或重放。

(4) 无连接完整性，该服务提供单个无连接的数据单元的完整性，能确定收到的数据单元是否已被修改。另外，在一定程度上也能提供对重演的检测。这种服务由(N)层提供时，对发出请求的(N+1)实体提供完整性保证。

(5) 选择字段无连接完整性，该服务提供单个无连接数据单元中各个选择字段的完整性，能确定选择字段是否被修改。

数据完整性与保密性是有区别的。假设源主机和目的主机分别是自动取款机和银行，如果任何人要通过搭线窃听获得用户的账号及密码，这属于保密性问题。如果客户要修改 ATM 和银行之间的信息传输，使原本 1 000 元的交易让银行只划走 100 元，这就属于数据完整性问题。

保护数据完整性与保密性可以采用加密技术实现，其区别在于加密在 OSI 模型的哪一个层次上进行。在应用层的一个应用进程与另一个主机的应用进程通信时，数据到达表示层时进行加密，直到目的主机的表示层整个网络传输过程中都是密文的方式称为端对端加密。在信息流离开主机时加密从而隐藏整个信息流的特性，可在网络或子网节点解密后进行路由选择的加密方法称为链路加密。链路加密能够保证数据完整性，端对端加密能够保证数据保密性。

---

① 陈建伟，张辉. 计算机网络与信息安全[M]. 北京：中国林业出版社，2006.

5. 禁止否认服务

禁止否认服务用来防止数据发送方发送数据后否认自己发送过数据，或接收方接收数据后否认自己收到过数据。该服务由以下两种服务组成：

(1) 不得否认发送：这种服务向数据接收者提供数据源的证据，从而可防止发送者否认发送过这个数据或否认它的内容。

(2) 不得否认接收：这种服务向数据发送者提供数据已交付给接收者的证据，因而接收者事后不能否认曾收到此数据。

上面这两种服务是一种数字签名服务，服务中必须注意的一个问题是：以前截获信息流的重放。这种技术通常被非授权的主机用来欺骗目的主机，即信息来自合法的主机。

6. 可记账性服务

这一功能要求系统保留一个日志文件，与安全相关的事件记在日志文件中，以便于事后调查和分析，追查有关责任者，发现系统安全的弱点。

(二) 安全机制的种类

为实现上述各种服务，安全体系结构建议采用下述 8 种安全机制。

1. 加密机制

加密是提供数据保密的最常用的方法，既能为单个数据提供机密性，也能为通信业务流提供机密性，并且还对下面所述的一些别的安全机制起补充作用。加密算法按密码体制可分为序列密码算法和分组密码算法两种，按密钥类型可分为对称密钥算法和非对称密钥算法两种。对称密钥算法知道加密密钥也就知道解密密钥，反之亦然；非对称密钥算法知道了加密密钥并不意味着也知道解密密钥，反之亦然。用加密的方法与其他技术相结合，可以提供数据的保密性和完整性。除了对话层不提供加密保护外，加密可在其他各层上进行。与加密机制伴随而来的是密钥管理机制。

2. 数字签名机制

数字签名是解决网络通信中特有的安全问题的有效方法。当通信双方发生下列情况时，产生以下安全问题：

(1) 否认，发送者事后不承认自己发送过某份文件；

(2) 伪造，接收者伪造一份文件，声称它来自发送者；

(3) 冒充，网上的某个用户冒充另一个用户接收或发送信息；

(4) 篡改，接收者对收到的信息进行部分篡改。

数字签名机制包括对数据单元签名和验证签名的数据单元两个过程。签名过程涉及使用签名者的私有信息作为私钥，或对数据单元进行加密，或产生该数据单元的一个密码校验值；验证过程涉及使用公开的规程与信息来决定该签名是不是用签名者的私有信息产生的。

签名机制的本质特征是该签名为签名者独有，只有私有信息的唯一拥有者才能产生这个签名，它能在任何时候从第三方得到证明。也就是说，数字签名必须具有可证实性(Authentic)、不可否认性(Repudiated)、不可伪造性(Unforgeable)和不可重用性(Reusable)。

3. 访问控制机制

访问控制机制指按事先确定的规则决定主体对客体的访问是否合法。当一个主体试图非法使用一个未经授权的客体时，该机制将拒绝这一企图，并附带向审计跟踪系统报告这一事件。审计跟踪系统将产生报警信号或形成部分追踪审计信息。对于无连接数据传输，发给发送者的拒绝访问的通知，只能作为强加于原发的访问控制结果而被提供。

访问控制机制建立在下述的一种或多种手段之上：访问控制信息库；它有对等实体的访问权限，由授权中心或正被访问的那个实体保存；鉴别信息，如口令、权力，对它的占有和出示便证明有权访问由该信息所规定的实体或资源；安全标记，可用来表示同意或拒绝访问，通常根据安全策略而定；试图访问的时间；试图访问的路由；访问持续期。

网络上的审计控制机制类似于单个计算机系统上的访问控制机制。

4. 数据完整性机制

数据完整性包括两种形式：单个数据单元或字段的完整性以及数据单元流或字段流的完整性。一般来说，用来提供这两种类型完整性服务的机制是不相同的，没有第一类完整性服务，第二类服务也无法提供。

决定单个数据单元的完整性涉及两个过程，一个在发送实体上，一个在接收实体上。保证数据单元完整性的一般方法是：发送实体在数据单元上加一个标记，这个标记是数据本身的信息签名函数，如 Hash 函数。接收实体把自己产生的标记与接收的标记相比较，以确定传输过程中数据是否被修改过。

单靠这种机制不能防止单个数据单元的重演。在网络体系结构的适当层上，应检测可能在本层或较高层上导致恢复作用的操作。对于连接方式的数据传送，保护数据单元序列的完整性还另外需要某种明显的排序形式。数据单元序列的完整性是要求序列编号的连续性和时间标记的正确性，以防止假冒、丢失、重发、插入或修改数据序列。

5. 交换鉴别机制

交换鉴别是以交换信息的方式来确认实体身份的机制。用于交换鉴别的技术有：

(1) 口令，由发送方实体提供，接收方实体检测。

(2) 密码技术，将交换的数据加密，只有合法用户才能解密，从而得出有意义的明文。许多情况下，这种技术需要与时间标记和同步时钟、双方或三方"握手"协议、数字签名和公证机构等技术一起使用，以防止重演和否认问题的发生。

(3) 利用实体的特征或所有权，如指纹识别、声音识别和身份卡。这种机制可设置在(N)层以提供对等实体鉴别。如果在鉴别实体时得到否定的结果，就会导致连接的拒绝或终止，可能在安全审计跟踪中增加一个记录，也可能给安全管理中心一个报告。

6. 业务流量填充机制

通信业务填充机制主要是对抗非法者在线路上监听数据并对其进行流量和流向分析。这种机制只有在通信业务填充受到机密服务保护时才是有效的。采用的方法一般由保密装置在无信息传输时，连续发出伪随机序列，使得非法者不知哪些是有用信息、哪些是无用信息。

7. 路由控制机制

一个大型网络中，从源节点到目的节点可能有多条线路可以到达，有些线路可能是安全的，而另一些线路是不安全的。路由控制机制可使信息发送者动态地或预定地选择特殊的路由，以便只使用物理上安全的子网络、中继站或链路，从而保证数据安全[1]。

检测到持续的攻击时，端系统可指示网络服务的提供者，经不同的路由建立连接，带有某些安全标记的数据，可被禁止通过某些子网络、中继站或链路。

8. 公证机制

一个大型网络中有许多节点或终端，使用这个网络时并不是所有所谓用户是可信的，同时也可能由于系统故障原因使信息丢失、迟到，这容易引起责任问题。为了解决这个问题，需要有一个各方都信任的实体——公证机构，如同一个国家设立的公证机构一样，提供公证服务，仲裁出现的问题。

公证保证是由第三方公证人提供的。公证人为通信实体所信任，并掌握必要信息，以一种可证实方式提供所需的保证。每个通信实例可使用数字签名、加密和完整性机制以适应公证人提供的服务。当公证机制被用到时，数据便在参与通信的实体之间，经由受保护的通信实例和公证方进行通信。一旦引入公证机制，通信双方进行数据通信时必须经过这个机构来转换，以确保公证机构能得到必要的信息，供以后仲裁。

现在介绍的几种安全机制不是为某种特定的服务而特设的，某些安全机制可

---

[1] 芦晓丽. 计算机网络与安全管理[M]. 北京：化学工业出版社，2014.

认为属于安全管理方面。

(1) 安全标记。包含数据项的资源具有与这些数据相关联的安全标记,例如指明数据敏感性级别的标记。通常,必须在转送中与数据一起运送适当的安全标记。安全标记是与被传送的数据相连的附加数据,也可能是隐含的信息,例如使用一个特定密钥加密数据所隐含的信息,或由该数据的上下文所隐含的信息。明显的安全标记必须是清晰可辨认的,以便对它们做适当的验证。此外,它们还必须依附于与之关联的数据。

(2) 事件检测。与安全有关的事件检测包括对威胁安全的事件的检测,也可以包括对"正常"事件的检测,例如一次成功的访问,这些可由 OSI 内部含有安全机制的实体来做。一个事件的技术规范构成,由事件处置管理程序来维护。安全事件包括特定的安全侵害,特定的选择事件,对事件发生次数计数的溢出。对各种安全事件的检测,可能引起一个或多个如下动作:在本地报告这一事件;远程报告这一事件;对事件做记录,进行恢复。

(3) 审计跟踪。审计跟踪是一种重要的安全机制,它有助于事后检测和调查安全的漏洞。安全审计是对系统的记录与行为进行考查,目的是测试系统的控制是否恰当,保证与既定策略和操作的协调一致,以便做出损害评估,提出控制、策略与规程中的改良方案。安全审计要求跟踪记录有关安全的信息,分析和报告从安全审计跟踪中得来的信息。日志记录可以被看作是一种安全机制,而分析和报告可以被视为一种安全管理功能。安全审计跟踪要考虑选择记录什么信息,在什么条件下记录信息,以及为了交换安全审计跟踪信息所采用的语法和语义定义。

收集审计跟踪的信息,通过列举被记录的安全事件的类别,能适应各种不同的需要。已知安全审计的存在可对某些潜在的侵犯安全的攻击源起到威慑作用。

(4) 安全恢复。安全恢复处理来自如事件处置与管理功能等机制的请求,并把恢复动作当作是应用一组规则的结果。这种恢复动作有 3 种:立即的、暂时的和长期的。其中,立即动作可能造成操作的立即放弃,如断开;暂时动作可能使一个实体暂时无效;长期动作是把一个实体记入"黑名单"或改变密钥。

(三) 服务、机制的层配置

由于 OSI 参考模型是一种层次结构,某种安全服务由某些层支持更有效,因此存在一个安全服务的层配置问题。为了解决安全服务、安全机制的层配置问题,需要用到以下原则:

一是实现一种服务的不同方法越少越好;

二是在多个层上提供安全服务来建立安全系统;

三是避免破坏层的独立性;

第一章　计算机网络发展研究

四是只要一个实体依赖于较低层的实体提供的安全机制，那么任何中间层应该按不违反安全的方式操作；

五是只要可能，应以不排除作为自容纳模块起作用的方法来定义一个层的附加安全功能。

现在描述在 OSI 基本参考模型的框架内提供的安全服务，并简要说明它们的实现方式。除非特别说明，安全服务由运行在该层的安全机制来提供。多数的层提供一定的安全服务。不过，层不但能从它们本身获得安全服务，而且可以使用较低层中提供的安全服务。

1．物理层

(1) 服务。物理层能够单独或联合其他层提供的安全服务：连接机密性和通信业务流机密性。

通信业务流机密性有完全通信业务流的机密性和有限通信业务流的机密性两种形式，前者只在某些情况下提供，例如双向同时、同步、点对点传输，后者能为其他传输类型提供，如异步传输物理层的安全服务只限于对付被动威胁，能应用于点对点或多对等实体通信。

(2) 机制。物理层上主要的安全机制是数据流加密，它借助于一个操作透明的加密设备来提供。物理层保护的目标是保护整个物理服务数据比特流以及提供通信业务流的机密性。

2．数据链路层

(1) 服务。数据链路层提供的安全服务：连接机密性、无连接机密性。
(2) 机制。数据链路层中的安全服务由加密机制来提供。

3．网络层

(1) 服务。网络层提供下列的安全服务：数据原发鉴别、对等实体鉴别、访问控制、连接机密性、无连接机密性、通信业务流机密性、无连接完整性、不带恢复的连接完整性。这些安全服务可以由网络层单独提供，也可以联合其他功能层一起提供。

(2) 机制。网络层的安全服务由以下机制来提供：数据原发鉴别服务由加密或签名机制提供；对等实体鉴别服务由密码鉴别交换、受保护口令交换与签名机制等来提供；访问控制服务由特定的访问控制机制来提供；连接机密性服务由加密机制和路由选择控制机制提供[①]；无连接机密性服务由加密机制与路由选择控制机制提供；通信业务流保密服务由通信业务填充机制和路由选择控制机制来提供：

---

① 刘永华．计算机网络安全技术[M]．北京：水利水电出版社，2012．

无连接完整性服务通过使用数据完整性机制和加密机制来提供；不带恢复的连接完整性服务通过数据完整性机制和加密机制来提供。网络层中的访问控制能够为多种目的服务。例如，它允许终端去控制网络连接的建立和拒绝不需要的呼叫，也允许一个或多个子网去控制网络层资源的使用。某些情况下，允许子网控制网络资源与使用网络的费用有关。通过控制访问和选取反向付费或其他网络特定参数能使费用降到最低限度。不过，访问控制的隔离程度相当粗糙，只能在网络层实体之间进行区分。

4．运输层

（1）服务。运输层上单独或联合其他层提供的安全服务：数据原发鉴别、对等实体鉴别、访问控制、连接机密性、无连接机密性、带恢复的连接完整性、不带恢复的连接完整性、无连接完整性。

（2）机制。运输层的安全服务由以下机制来提供：数据原发鉴别服务由加密或签名机制提供；对等实体鉴别服务是由密码鉴别交换、受保护口令交换与签名机制等提供；访问控制服务通过特定的访问控制机制来提供；连接机密性服务由加密机制提供；无连接机密性服务由加密机制提供；带恢复的连接完整性服务由数据完整性机制和加密机制提供；不带恢复的连接完整性服务由数据完整性机制和加密机制提供；无连接完整性服务由数据完整性机制和加密机制提供。

5．会话层

（1）服务。会话层提供的安全服务：对等实体鉴别、数据原发鉴别、连接机密性、无连接机密性、选择字段机密性、通信业务流机密性、带恢复的连接完整性、不带恢复的连接完整性、选择字段连接完整性、无连接完整性、数据原发证明的抗抵赖、交付证明的抗抵赖。

（2）机制。会话层的安全服务由下列安全机制来提供：对等实体鉴别服务能够由语法变换机制提供；数据原发鉴别服务能够由加密或签名机制提供；连接机密性服务能够由加密机制提供；无连接机密性服务能够由加密机制提供；选择字段机密性服务能够由加密机制提供；通信业务流机密性服务能够由加密机制提供；带恢复的连接完整性能够由数据完整性机制和加密机制配合提供；不带恢复的连接完整性服务能够由数据完整性机制和加密机制配合提供；选择字段连接完整性服务能够由数据完整性机制和加密机制配合提供；无连接完整性服务能够由数据完整性机制和加密机制配合提供；选择字段无连接完整性服务能够由数据完整性机制和加密机制配合提供；数据原发证明的抗抵赖服务能够由数据完整性、签名与公证机制的适当结合来提供；交付证明的抗抵赖服务能够由数据完整性、签名与公证机制的适当结合来提供。

6. 表示层

(1) 服务。表示层提供的安全服务：对等实体鉴别、数据原发鉴别、连接机密性、无连接机密性、选择字段机密性、通信业务流机密性、带恢复的连接完整性、不带恢复的连接完整性、选择字段连接完整性、无连接完整性、选择字段无连接完整性、数据原发证明的抗抵赖、交付证明的抗抵赖。

(2) 机制。表示层的安全服务由以下机制来提供：对等实体鉴别服务能够由语法变换机制提供；数据原发鉴别服务能够由加密或签名机制提供；连接机密性服务能够由加密机制提供；无连接机密性服务能够由加密机制提供；选择字段机密性服务能够由加密机制提供；通信业务流机密性服务能够由加密机制提供；带恢复的连接完整性能够由数据完整性机制和加密机制配合提供；不带恢复的连接完整性服务能够由数据完整性机制和加密机制配合提供；选择字段连接完整性服务能够由数据完整性机制和加密机制配合提供；无连接完整性服务能够由数据完整性机制和加密机制配合提供；选择字段无连接完整性服务能够由数据完整性机制和加密机制配合提供；数据原发证明的抗抵赖服务能够由数据完整性、签名与公证机制的适当结合来提供；交付证明的抗抵赖服务能够由数据完整性、签名与公证机制的适当结合来提供。

7. 应用层

(1) 服务。应用层单独或联合其他层提供的安全服务：对等实体鉴别、数据原发鉴别、访问控制、连接机密性、无连接机密性、选择字段机密性、通信业务流机密性、带恢复的连接完整性、不带恢复的连接完整性、选择字段连接完整性、无连接完整性、选择字段无连接完整性、数据原发证明的抗抵赖、交付证明的抗抵赖。

(2) 机制。应用层中的安全服务由下列机制来提供：对等实体鉴别服务能够通过在应用实体之间传送的鉴别信息来提供，这些信息受到表示层或较低层的加密机制的保护；数据原发鉴别服务能够通过使用签名机制或较低层的加密机制来提供；访问控制服务由在应用层中的访问控制机制与在较低层的访问控制机制联合起来提供；连接机密性服务能够通过使用一个较低层的加密机制提供；无连接机密性服务能够通过使用一个较低层的加密机制提供；选择字段机密性服务能够通过使用在表示层上的加密机制提供；通信业务流机密性服务能够通过使用在应用层上的通信业务填充机制并配合一个较低层上的机密性服务提供；带恢复的连接完整性服务能够通过使用一个较低层的数据完整性机制提供；不带恢复的连接完整性服务能够通过使用一个较低层的数据完整性机制提供；选择字段连接完整性服务能够通过使用表示层上的数据完整性机制提供；无连接完整性服务能够通过使用一个较低层的数据完整性机制提供；选择字段无连接完整性服务能够通过使用表示层上的数据完整性机制(有时配合上加密机制)提供；数据原发证明的抗抵赖服务能够通过签名机制与较低层的数据完整性机制的适当结合来提供，并与第三方公证相配合；交付证明的抗抵赖服务能够通过签名机制与较低层数据完整性机制的适当结合来提供，并与第三方公证相配合。

如果一种公证机制被用来提供抗抵赖服务，它将作为可信任的第三方起作用。为了解决纠纷，它可以由一个用数据单元的传送形式中继的数据单元记录，可以使用从较低层提供的保护服务。如果从网络安全服务的角度来说，OSI 模型各层配置的服务如下：

1) 对等实体鉴别服务。

第 1 层：没有。通常认为无需在本层配置对等实体鉴别服务。

第 2 层：没有。通常认为无需在本层配置对等实体鉴别服务。

第 3 层：有。在一些单独的子网上或在网际上进行路由选择。

第 4 层：有。第 4 层的端到端鉴别在一个连接开始前和持续过程中能够用来进行两个或多个会话实体的相互鉴别。

第 5 层：没有。第 4 层或更高层重复提供这一服务没有好处。

第 6 层：没有。加密机制能支持在应用层的这种服务。

第 7 层：有。对等实体鉴别应该由应用层提供。

2) 数据原发鉴别服务。

第 1 层：没有。通常认为无需在本层配置数据原发鉴别服务。

第 2 层：没有。通常认为无需在本层配置数据原发鉴别服务。

第 3 层与第 4 层：数据原发鉴别能够在第 3 层和第 4 层的中继与路由选择中提供端到端服务，如下所述：

① 在建立连接时提供对等实体鉴别，并在连接存活期提供基于加密的连接鉴别，事实上也就提供了数据原发鉴别服务。

② 即使不提供上一项中的服务，基于加密的数据原发鉴别也可以通过对已经位于这两层中的数据完整性机制加一点额外开销来提供。

第 5 层：没有。在第 4 层或第 7 层重复提供这一服务没有好处。

第 6 层：没有。但加密机制能支持在应用层提供这一服务。

第 7 层：有。可能要与表示层中的机制相配合。

3) 访问控制服务。

第 1 层与第 2 层：在一个完全遵守 OSI 协议的系统中，在第 1 层或第 2 层不能提供访问控制机制，这是因为没有可用于这样一种机制的端设备。

第 3 层：根据特定子网的要求，访问控制机制可加入子网访问中。当由中继与路由选择执行时，网络层中的访问机制既能用于控制中继实体对子网的访问，又能用于控制对端系统的访问。

第 4 层：有。访问控制机制能够在每个传输连接端到端的基础之上被使用。

第 5 层：没有。在第 4 层或第 7 层重复提供这一服务没有好处。

第 6 层：没有。第 6 层上提供这一服务没有好处。

第 7 层：有。应用协议和应用进程能提供面向应用的访问控制业务。

4) 有连接用户数据的机密性。

第 1 层：有。由于成对插入透明性的电气转换设备能给出物理连接上的完全机密性，所以应该提供。

第 2 层：有。但不给第 1 层或第 3 层的机密性提供更多的安全利益。

第 3 层：有。用于某些子网的访问，以及网际上的中继与路由选择。

第 4 层：有。因为单个传输连接给出了端到端传输机制并提供会话连接的隔离。

第 5 层：没有。在第 3，4，7 层的机密性上它不提供额外利益，在这一层上提供这一服务没有好处。

第 6 层：有。因为加密机制提供纯语法变换。

第 7 层：有。与较低层的机制相配合。

5) 无连接用户数据的机密性。

除第 1 层外，理由的说明与全用户数据的机密性相同。第 1 层没有无连接服务。

6) 用户数据和选择字段的机密性。

这种机密性服务由表示层中的加密来提供，并且根据数据的语义由应用层中的机制调用。

7) 通信业务流机密性。

全通信业务流机密性只能在第 1 层实现，这可以通过在物理传输通路中插入一对加密设备来办到。而在物理层之上，全通信业务流安全是不可能的。在一个层上使用完全的机密性服务，并在一个高层上注入伪通信业务能部分地产生机密性的某些效果。但是，这样一种机制是高代价的，可能要耗用大量的载波与切换能力。

如果在第 3 层提供通信业务流机密性，那么将使用通信业务填充和路由选择控制。路由选择控制采用消息绕过不安全的链路或子网的方法，可提供有限度的通信业务流机密性。但是把通信业务填充结合在第 3 层会使网络得到更好的利用，例如避免不必要的填充与网络拥塞。

在应用层上通过制造伪信息，并与防止识别伪通信业务的技术相结合能提供有限度的通信业务流机密性。

8) 有连接带差错恢复用户数据的完整性。

第 1 层与第 2 层：第 1 层与第 2 层不能提供这种服务。第 1 层没有检测或恢复机制，而第 2 层机制只运行在点对点而非端到端的基础上，所以提供这种服务被认为是不合适的。

第 3 层：没有。因为差错恢复不是普遍可用的。

第 4 层：有。因为这提供了真正的端到端传输连接。

第 5 层：没有。因为差错恢复不是第 5 层的功能。

第 6 层：没有。但加密机制能支持应用层中的这种服务。

第 7 层：有。与表示层中的机制相配合。

9) 有连接无差错恢复用户数据的完整性。

第 1 层与第 2 层：第 1 层与第 2 层不能提供这种服务。第 1 层没有检测或恢复机制，第 2 层只能运行在点对点而非端到端的基础上，所以提供这种服务被认为是不合适的。

第 3 层：有。完成单个子网的访问以及网际上的路由选择与中继作用。

第 4 层：有。这种情况下，在检测到主动攻击之后停止通信是可取的办法。

第 5 层：没有。因为在第 3，4 层或第 7 层的数据完整性之上，它不提供额外的好处。

第 6 层：没有。加密机制能支持应用层中的这种服务。

第 7 层：有。与表示层中的机制相配合。

10) 有连接不带恢复用户数据中选择字段的完整性。

选择字段的完整性，能够由表示层中的加密机制提供，并与应用层中的调用机制与检测机制相配合。

11) 无连接用户数据的完整性。

为了把功能重复减少到最低限度，无连接传送的完整性应该只在那些提供不带恢复的完整性的层上提供，即网络层、运输层和应用层。这样，完整性机制可能只有非常有限的效用。

12) 无连接选择字段的完整性。

选择字段的完整性，能够由表示层中的加密机制提供，并与应用层中的调用机制与校验机制相配合。

13) 抗抵赖。

数据原发与交付抗抵赖服务能够由第 7 层上的公证机制提供。用于抗抵赖的数字签名机制，要求在第 6 层与第 7 层之间进行密切合作。

五、计算机网络安全策略与安全管理研究

（一）安全策略

计算机网络安全的整个领域既复杂又广泛。恰当的安全策略应把注意力集中

第一章 计算机网络发展研究

到网络管理者或使用者最关注的那些方面。也就是说，安全策略应该在实质上表明安全范围内什么是允许的，什么是不允许的。

策略通常是一般性的规范，只提出相应的重点，而不确切地说明如何达到所要的结果。

因此，策略属于安全技术规范的最高一级。如何实现策略与具体应用的紧密结合，在开始阶段是完全不清楚的，一般来讲，最好的办法是让此策略经受一个不断精确化的改进过程，每个阶段根据实际应用的具体实施增加更多的细节。

1. 安全策略的类别

安全策略分为基于身份的安全策略和基于规则的安全策略两种。

基于身份的安全策略是过滤对数据或资源的访问。基于身份的策略有两种执行方法，这取决于信息的访问权是为访问者所拥有，还是为被访问数据所拥有。若访问权为访问者所有，典型的做法为特权标识或特殊授权，即仅为用户及相应活动进程进行授权。若为访问数据所有，则可以采用访问控制表(ACL)。这两种情况中，数据项的大小有很大的变化。数据按权力命名，也可以带有自己的 ACL。

基于规则的安全策略是指建立在特定的、个体化属性之上的授权准则，授权通常依赖于敏感性。在一个安全系统中，数据或资源应该标注安全标记，而且用户活动应该得到相应的安全标记。标记的概念在通信中非常重要。标记可以附带属性指示其敏感性，设置定时与定位性质，说明处理与分配的特性，以及提出对终端的特定要求。带有属性的标记有很多形式，包括发起通信的进程与实体；响应通信的进程与实体；通信期间要移动的数据项；通信期间用到的信道和其他资源。

这些形式都可以用其属性来标记。安全策略必须指明属性的使用方式，从而提供必要的安全性能。为了对特别标记的属性建立适当的安全措施，还需要进行协商。当安全标记同时附加给访问进程和被访问数据时，应用基于身份访问控制所需的附加信息也应该作为与之相关的标记。在鉴别时，需要识别发起和响应通信实例的进程或实体，特别是它们带有的属性，所以安全管理信息库(SMIB)应包含足够的信息来说明这些属性。

当安全策略是建立在访问数据用户的身份之上时，安全标记应该包含有关该用户的身份信息。用于特定标记的规则应该在安全管理信息库的某安全策略中得到体现，必要情况下还应与终端协商。

通信事例中数据传递时，每个数据项都与其标记紧紧地结合在一起，在某些基于规则的实例中，还要求将标记做成数据项的一个特别部分，一同完成交付应用。同时，利用数据项完整性技术保证数据项与标记的准确性以及耦合性。这些属性的最终目的是为 OSI 基本参考模型数据链路层中的路由选择控制功能所使用。

基于身份和基于规则的安全策略都建立在授权概念之上，这是因为所有威胁都与授权行为或非授权行为有关。在安全策略中包含有对"什么构成授权"的说明，即使是一般性的安全策略，也应明确说明"未经适当授权的实体，信息不可以给予、不可以被访问、不允许引用、任何资源也不得为其所用"。基于身份的安全策略，通常是一组针对一般属性或敏感实体的规则，基于规则的策略则涉及在特定的、个体化属性之上建立授权准则。

需要说明的是，部分属性与应用实体的关联是稳定不变的，也存在一些属性可以传送给另外的实体，如权力的移交。因此授权服务分为行政管理强加的授权服务与动态选取的授权服务两种类型。

一个安全策略将确定系统安全要素，这些要素的共同特征是具有可用性和有效性，此外还需在合适时对系统安全要素进行选择。

2．安全策略的配置

开放式网络环境下用户的合法利益通常受到两种方式的侵害：主动攻击和被动攻击。主动攻击包括对用户信息的篡改、删除、伪造，对用户身份的冒充、对合法用户访问的阻止；被动攻击包括对用户信息的窃取、对信息流量的分析。根据用户对安全的需求可以采用以下保护方式：

(1) 身份认证。检验用户的身份是否合法，防止身份冒充，对用户实施访问控制。

(2) 数据完整性鉴别。防止用户数据被伪造、修改和删除。

(3) 信息保密。防止用户的信息被泄露、窃取，保护用户的隐私。

(4) 数字签名。防止用户否认对数据所做的处理。

(5) 访问控制。对用户的访问权限进行控制。

(6) 不可否认性。也称不可抵赖性，即防止对数据操作的否认。

3．安全策略的实现原则

根据用户具体的安全需求，开放式网络环境下安全策略的实现必须遵循以下原则：

(1) 层次性。同样的安全策略在不同的网络协议层中实现，但实现的效果不同，必须根据用户对安全的需要决定(见表1-1)。

由表1-1[①]可以看出，数字签名只能在应用层实现，因为它的目的是为了防止用户对信息访问的抵赖；而身份认证、信息完整性验证和访问控制可以应用在许多层，从上到下保护的粒度、作用的范围逐渐增大。信息加密根据用户的需要应用在任何一层。如果要针对某一部分数据，而不是所有的数据加密，则应当考虑

---

① 表格引自陈建伟，张辉．计算机网络与信息安全[M]．北京：中国林业出版社，2006．

第一章 计算机网络发展研究

在应用层实现数据加密策略[①]。如果要对终端输出的所有数据加密,则应当在网络接口层或 IP 层实现数据加密的策略。安全策略分层应用有利于具体环境下安全保护的实施,节省不必要的开销。

表 1-1 安全策略在协议各层的应用

协议堆栈层	针对的实体	可使用的安全策略	用途
应用层	用户或具体的服务程序	数字签名、访问控制、身份认证、消息完整性验证、信息加密	防止用户身份被冒充,数据被篡改、泄露;对用户权限进行控制
TCP/UDP 层	端进程	身份认证、消息完整性验证、消息加密、访问控制	防止非法命令的执行;防止数据被篡改、泄露
IP 层	主机	身份认证、数据加密、数据完整性验证、访问控制	防止对数据报的篡改、窃取;防止非法站点的访问
网络接口层	端系统	数据加密	防止信息被窃取

(2) 独立性。实施安全策略所采用的密钥体制、证书管理模式、密钥管理方法、数据加密算法和身份认证方法应独立于整个安全体系结构。不同的主机、不同的应用实体和不同的协议堆栈层次采用不同的实现方法。终端之间可通过安全协商来建立一致的安全策略和协作方式。

(3) 可管理性。终端中采用的安全策略应该是可配置的。要向用户和管理人员提供方便、简捷、一致的管理接口。管理分为手工管理和自动管理,而在 Internet 大规模网络环境中应采用自动管理的方式。

(4) 多样性。多个用户、进程或主机可针对某一个用户、进程或主机使用同样的安全策略;某一个用户、进程或主机也可以对多个用户、进程或主机建立不同的安全策略。可以同时验证用户、进程和主机的身份,对不同层次都实现访问控制;也可以只对某一层实现访问控制。如,为了保持 IP 协议的动态路由、负载自动平衡和网络重构的特性,必须保证每一个数据报是独立的,可自由选路的。因此,对 IP 层进行安全保护时,不能限制数据报的源和目的地址为某个固定值。如果中间节点是防火墙的堡垒主机,那么终端所增加的安全策略不能影响防火墙原有的安全策略。安全策略的实施应考虑实际的网络特性和环境,灵活多样地应用于网络协议堆栈中。

(5) 安全性。安全策略是一个整体的概念,在不同层次上采用的安全策略不能相互矛盾或颠倒次序,造成安全漏洞。例如,为了提供强完整性保护,数据加密要求在取消息摘要之后进行。访问控制和身份认证是相辅相成的。只有身份认

---

① 刘永华. 计算机网络安全技术[M]. 北京:水利水电出版社,2012.

证合法后,才能实施有效的访问控制。数据完整性和身份认证也是相辅相成的,单独实现其中一种安全策略没有太大的意义。

4. 安全策略的实现框架

安全策略的实现涉及以下几个主要部分(见图1-4):

(1) 证书管理。证书管理主要是指公开密钥证书的产生、分配、更新和验证。公开密钥证书用于身份认证、数字签名和后继会话密钥的生成。证书管理的实质是终端系统通过可信的第三方建立相互之间的信任关系。因此证书管理是实现安全策略的基础。

(2) 密钥管理。密钥管理包括密钥的产生、协商、交换和更新。目的是在通信的终端系统之间建立实现安全策略所需的共享密钥。密钥管理涉及不同的密钥体制、不同的密钥协商协议、不同的密钥更新方法。

(3) 安全协作。安全协作是在不同的终端系统之间协商建立共同采用的安全策略,包括安全策略实施所在层次;具体采用的认证、加密算法和步骤;如何处理差错。

(4) 安全算法实现。具体算法的实现,如DES,RSA。

(5) 安全策略数据库。安全策略数据库保存与具体建立的安全策略有关的状态、变量、指针。

证书管理、密钥管理和安全策略的指定一般都是通过应用层提供的管理接口来和用户及安全策略数据库打交道。安全协作可在不同的层次之间进行。根据协商建立的安全策略,具体的安全实现可作用于任何一层。通过查询安全策略数据库来决定如何处理每个接收和发送的消息或数据报。

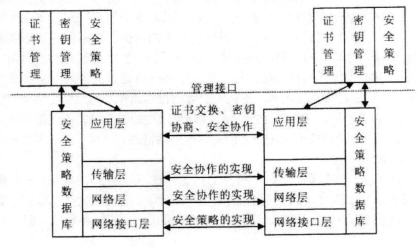

图1-4 安全策略的实现框架

5. 安全策略的实现步骤

开放式网络环境下实现安全策略的步骤如下：

(1) 获取必要的证书。为了和其他用户通信和建立安全协作，首先要建立必要的信任关系。在 Internet 上管理证书主要有两种方式：一种是 PEM 集中式层次 CA 管理模式，它是通过树型分层的 CA 来分配和验证证书。另一种是 PGP 分散式 Web 管理模式，它没有固定的 CA 来分配和验证证书，证书的信任关系不依赖于某个组织，而是分散的个人。PGP 模式类似于现有的 Internet 网络结构，但是它的安全性和可信性不能完全保证。PEM 模式能提供彻底的身份认证，但是它的组织结构目前还不适用于 Internet 这样的规模。目前 SSL，IPSEC 等安全协议都是基于 PEM 证书管理模式的，采用 X.509 证书格式，通过 X.500 目录结构提供证书的存储和分配。从发展趋势来看，PEM 证书管理模式必然会被普遍采用，如图 1-5 所示。

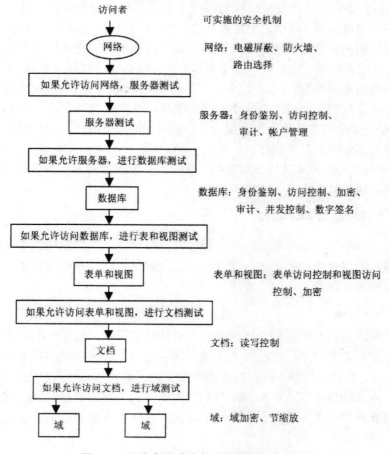

图 1-5 网络应用系统实体及逻辑安全设计

(2) 密钥协商和管理。获取必要的证书后，需要在端系统之间建立共享的会话密钥。通常采用两种方法：一种是采用基于 Diffie-Hellman 算法的密钥协商协议来建立共享的密钥。这种方式建立的密钥作用范围有限，但是密钥保持了向前保密特性(PFS)。由于这种密钥是双方协商建立起来的，因此不能用于数字签名算法中；另一种是采用 RSA 公开密钥体制下的密钥交换协议来建立共享密钥。密钥的建立和身份认证常常是同时完成的。

(3) 身份认证。身份认证主要用于数字签名和建立共享密钥。

(4) 安全协作的建立。通过一定的协作管理协议来洽谈，通信双方共同采用的密钥管理方式、具体采用的算法、安全策略的应用范围。安全协作包括了密钥协商及管理、身份认证。不同的用户、进程和主机之间可建立不同的安全协作方式。

(5) 安全的实现。在安全协作的基础上实现具体的安全策略。具体的实现可作用在每一个协议层。各层之间是相互独立的，但是它们要遵循一致的安全策略。

当用户的安全策略设置完成后，终端系统应该能自动完成证书获取、身份认证、密钥管理和协商、安全协作的建立和安全策略的具体实现等步骤[①]。尽量保持原有系统和网络的特性，尤其要减少用户对安全实现细节的干预。在保证安全的前提下，尽量在网络协议的下层实现安全策略，这样做有以下两个优点：

1) 安全策略的实现独立于上层的应用程序，可为不同的应用和服务提供安全保证，而不必修改原有的程序。

2) 可及时发现外来的攻击和破坏，减少不安全因素向上层协议的传播，提高安全策略实现的效率。

(二) 安全管理研究

为保证网络安全、可靠的运行，必须有网络管理。网络管理的主要任务是对网络资源、网络性能和密钥进行管理，对访问进行控制，对网络进行监视，负责审计日志和数据备份。

1. 人员管理

提高网络应用系统的安全性的方向是增加技术因素，减少人为因素。但是人为因素不可能完全消除，因此对人员的管理也是一个非常重要的环节。应当结合机房、硬件、软件、数据和网络各个方面的安全问题。对工作人员进行安全教育，提高工作人员的保密观念；加强业务、技术的培训，提高操作技能；教育工作人员严格遵守操作规程和各项保密规定，防止人为安全事故的发生。

---

① 刘永华. 计算机网络安全技术[M]. 北京：水利水电出版社，2012.

2．密钥管理

密钥管理是网络安全的关键。目前公认有效的方法是通过密钥分配中心 KDC(Key Distributed Center)来管理和分配密钥。所有用户的公开密钥都由 KDC 来进行管理保存。每个用户只保存自己的私有密钥 SK 和 KDC 的公开密钥 RKKDC。当用户需要与其他用户联系时，可以通过 KDC 来获得其他用户的公开密钥。例如，用户 A 需要知道用户 B 的公开密钥，可用如图 1-6 所示来获得。

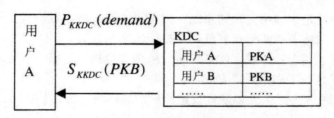

图 1-6　密钥管理方案

用户 A 用 P_{KKDC} 加密需要用户 B 的公开密钥的请求，KDC 用私有密钥 S_{KKDC} 进行解密，从而知道 A 的需求；KDC 用私有密钥 S_{KKDC} 加密用户 B 的公开密钥传送给用户 A，用户 A 用 P_{KKDC} 解密得到用户 B 的公开密钥；然后用户 A 即可和用户 B 进行联系。

在本系统中，KDC 的作用由各局域网的服务器来完成。各用户公开密钥保存在一个加密文件中，当用户需要时，根据用户的身份判断其能否得到该密钥。

3．审计日志

网络操作系统及网络数据库系统都应具有审计功能。产生的审计日志主要由网络管理人员来进行检查，从而及时掌握网络性能及网络资源的运行情况，及时发现错误，纠正错误，对网络进行进一步完善。

4．数据备份

数据备份是增加系统可靠性的重要环节。由网络管理人员定期对信息进行备份，当系统瘫痪时，将损失降低到最小；当系统修复时，及时恢复数据。

5．防病毒

防病毒是计算机安全的一项重要内容。防病毒的第一步是加强防病毒观念，因此必须提高每一位工作人员的防病毒意识，减少病毒侵入的机会；同时利用杀毒软件及时消灭病毒，防止病毒入侵和系统崩溃。

如何保证网络应用系统的安全是复杂的问题。人们必须认识到"没有绝对安全的网络"这一事实，任何一种网络安全技术也不能完全解决网络安全问题，因此人们只能综合采用各种安全技术来减少网络攻击风险。同时还要考虑一些非技术因素，如制定法规，提高网络管理使用人员的安全意识，设置一些切实可行的防范措施。

六、计算机网络体系结构的形成

（一）计算机网络体系结构的起源

计算机网络是个非常复杂的系统。为了说明这一点，可以设想一种最简单的情况：连接在网络上的两台计算机要互相传送文件。

显然，在这两台计算机之间必须有一条传送数据的通路。但这还远远不够。至少还有以下几项工作需要去完成。

(1) 发起通信的计算机必须将数据通信的通路进行激活(Activate)。所谓"激活"就是要发出一些信令，保证要传送的计算机数据能在这条通路上正确发送和接收[①]。

(2) 要告诉网络如何识别接收数据的计算机。

(3) 发起通信的计算机必须查明对方计算机是否已开机，并且与网络连接正常。

(4) 发起通信的计算机中的应用程序必须弄清楚，在对方计算机中的文件管理程序是否已做好接收文件和存储文件的准备工作。

(5) 若计算机的文件格式不兼容，则至少其中一台计算机应完成格式转换功能。

(6) 对出现的各种差错和意外事故，如数据传送错误、重复或丢失，网络中某个节点交换机出现故障等，应当有可靠的措施保证对方计算机最终能够收到正确的文件。

还可以列举出一些要做的其他工作。由此可见，相互通信的两个计算机系统必须高度协调工作才行，而这种"协调"是相当复杂的。为了设计这样复杂的计算机网络，早在最初的 ARPANET 设计时即提出了分层的方法。"分层"可将庞大而复杂的问题，转化为若干较小的局部问题，而这些较小的局部问题就比较易于研究和处理。

1974 年，美国的 IBM 公司宣布子系统网络体系结构 SNA(System Network Architecture)。这个著名的网络标准就是按照分层的方法制定的。现在用 IBM 大型机构建的专用网络仍在使用 SNA。不久后，其他一些公司也相继推出自己公司的具有不同名称的体系结构。

不同的网络体系结构出现后，使用同一个公司生产的各种设备都能够很容易地互连成网。这种情况显然有利于一个公司垄断市场。但由于网络体系结构的不

---

① 谢希仁. 计算机网络[M]. 北京：电子工业出版社，2017.

第一章 计算机网络发展研究

同,不同公司的设备很难互相连通。

然而,全球经济的发展使得不同网络体系结构的用户迫切要求能够互相交换信息。为了使不同体系结构的计算机网络都能互连,国际标准化组织 ISO 于 1977 年成立了专门机构研究该问题。他们提出了一个试图使各种计算机在世界范围内互连成网的标准框架,即著名的开放系统互连基本参考模型 OSI／RM(Open Systems Interconnection Reference Model),简称为 OSI。"开放"是指非独家垄断的。因此只要遵循 OSI 标准,一个系统就可以和位于世界上任何地方的、也遵循这同一标准的其他任何系统进行通信。这一点很像世界范围的有线电话和邮政系统,这两个系统都是开放系统。"系统"是指在现实的系统中与互连有关的各部分(人们知道,并不是一个系统中的所有部分都与互连有关。OSI／RM 把与互连无关的部分除外,而仅仅考虑与互连有关的那些部分)。所以 OSI／RM 是个抽象的概念。在 1983 年形成了开放系统互连基本参考模型的正式文件,即著名的 ISO 7498 国际标准,也就是所谓的七层协议的体系结构。

OSI 试图达到一种理想境界,即全球计算机网络都遵循这个统一标准,因而全球的计算机将能够很方便地进行互连和交换数据。在 20 世纪 80 年代,许多大公司甚至一些国家的政府机构纷纷表示支持 OSI。当时看来似乎在不久的将来全世界一定会按照 OSI 制定的标准来构造自己的计算机网络。然而到了 20 世纪 90 年代初期,虽然整套的 OSI 国际标准都已经制定出来了,但由于基于 TCP／IP 的计算机技术已抢先在全球相当大的范围成功地运行了,而与此同时却几乎找不到有什么厂家生产出符合 OSI 标准的商用产品。因此人们得出这样的结论:OSI 只获得了一些理论研究的成果,但在市场化方面则事与愿违地失败了。现今规模最大的、覆盖全球的、基于 TCP／IP 的计算机技术并未使用 OSI 标准。

OSI 失败的原因有以下 4 种。

(1) OSI 的专家们缺乏实际经验,他们在完成 OSI 标准时缺乏商业驱动力;

(2) OSI 的协议实现起来过分复杂,而且运行效率很低;

(3) OSI 标准的制定周期太长,因而使得按 OSI 标准生产的设备无法及时进入市场;

(4) OSI 的层次划分不太合理,有些功能在多个层次中重复出现。

按照一般的概念,网络技术和设备只有符合有关的国际标准才能大范围的获得工程上的应用。但现在情况却反过来了。得到最广泛应用的不是法律上的国际标准 OSI,而是非国际标准 TCP／IP。这样,TCP／IP 就常被称为是事实上的国际标准。从这种意义上说,能够占领市场的就是标准。在过去制定标准的组织中往往以专家、学者为主。但现在许多公司都纷纷加入各种标准化组织,使得技术标准具有浓厚的商业气息。一个新标准的出现,有时不一定反映其技术水平是最先进的，而是往往有着一定的市场背景。

虽然 OSI 标准在一开始由 ISO 来制定，但后来的许多标准都是 ISO 与原来的国际电报电话咨询委员会 CCITT 联合制定。从历史上来看，CCITT 原来是从通信的角度考虑一些标准的制定的，而 ISO 则关心信息的处理。但随着科学技术的发展，通信与信息处理的界限变得比较模糊了。于是，通信与信息处理就都成为 CCITT 与 ISO 所共同关心的领域。CCITT 的建议书 X．200 就是关于开放系统互连参考模型的，它和上面提到的 ISO7498 基本上是相同的。

（二）网络协议

要想使两台计算机进行通信，必须使它们采用统一的信息交换规则。在计算机网络中，很多计算机的功能需要受到网络协议的制约，而这也是一种规则和约定，主要是由以下三点构成。

1．语法

与人类的语言有相似点的是，计算机的语法需要有数据和控制信息的内部结构。中文有中文的语法，英语有英语的语法，人与人之间交流时只有采用相同语法的语言才能正常沟通。

2．语义

语义即需要发出何种控制信息，以及要完成的动作与做出的响应，其作用类似于人们在进行书面交流时所用的标点符号，其目的是为了保证接收端能够正确完整地收到数据。

3．时序

时序即对事件实现顺序的详细说明，是先传输控制信息还是先传输用户数据，对于多个控制信息，在传输时也说明了先后顺序。

（三）协议分层

协议是通过机器之间等级层次来达到通信协议，而接口则是在相同机器下相邻层次所制定的约定，不同的网络分层数量、各层的名称和功能以及协议都各不相同。然而，在所有的网络中，每一层的目的都是往其上一层提供一定的服务。网络体系结构是指网络中分层模型和各层协议的集合。网络体系结构是把计算机网络所拥有的功能进行了归纳总结，而将不同的功能进行区分，加以精确的定义，使那些模糊不清的问题得到具体的解决。而体系结构的运行也帮助完善了一些硬件和软件的功能。也就是说，网络体系结构提出了构建计算机网络的一个框架，一种标准，至于如何达到这个标准，采用什么方法、什么硬件和软件，是计算机网络构建者考虑的问题。无论是 OSI 或 TCP/IP 参考模型与协议都有其成功的一面和不足的一面。在国际上有很多研究学家致力于研究推进网络标准化。有许多 OSI 参考模型并未达到实质目的。而其他的共有参考模型，随着时代发展成了正确的方针，伴随着因特网的发展成了一致公认的网络标准。在网络标准化的进程中，面对着的就是这样一个事实。由于要使这个模型自身变得更加强大而具体，但 OSI 的研究成果并未满足这个要求，尽管并没有成为当今世纪的一股新潮，但对于当代网络的发展还是具有很明确的方向性。TCP/IP 协议应用广泛，但对于参考模型的研究却很薄弱。目前网络厂商及业界普遍采用和参考的是综合了 OSI 和 TCP/IP 模型的 5 层体系结构，它与 OSI 参考模型相比少了表示层与会话层，用数据链路层与物理层取代了主机网络接口层。

七、计算机网络分层体系结构

（一）计算机网络分层体系结构的基本概念

计算机网络是一个涉及计算机技术、通信技术等多个领域的具有综合性技术的系统。为了完成计算机间的通信合作，人们把计算机互连的功能定义明确的层次，并规定了同层次进程通信的协议以及相邻层之间的接口与服务，这些同层进程间通信的协议以及相邻层接口统称为网络体系结构。

为了更好地理解网络体系结构，先介绍一些网络体系结构的基本知识。

(1) 实体(Entity)，是通信时能发送和接收信息的任何软硬件单元。每层的具体功能是由该层的实体完成的。在不同机器上同一层的实体互称为对等实体。

(2) 接口(Interface)，是指网络分层结构中各相邻层之间交换信息的连接点。接口也称为服务访问点(Service Access Point)，定义了较低层向较高层提供的原始操作和服务。

(3) 服务(Service)，就是网络中各层向相邻上层提供的一组功能集合。每一层为相邻的上一层提供服务。N 层使用 N-1 层所提供的服务，向 N+1 层提供功能更强大的服务[1]。服务是通过服务访问点提供给上层使用的。下层为上层提供的服务可分为两类：面向连接的服务(Connection Oriented Service)和无连接服务(Connectionless Service)。

(4) 服务原语。一个服务通常是由一组原语(Primitive)操作来描述的，用户进程通过这些原语操作可以访问该服务。这些原语告诉该服务执行某个动作，或者将某个对等体所执行的动作报告给用户。用户和协议实体间的接口通过服务原语请求某个服务过程，或者表示某个服务过程的完成情况。在同一开放系统中，N+1

---

[1] 张伟，杨华勇. 计算机网络技术[M]. 北京：清华大学出版社，2017.

实体向 N 实体请求服务时,用户和服务提供者之间要进行交互,交互信息称为服务原语。

图 1-7[①]所示为用网络分层模型说明了它们之间的关系。

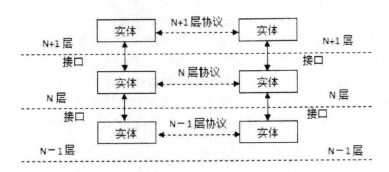

图 1-7　网络分层模型

(二) 层次性体系结构的工作流程

当人们遇到一个复杂问题时,习惯采用将复杂问题分解为若干个小问题并逐一进行处理的方法,即层次化处理方法。层次化处理方法可以大大降低问题的处理难度,这正是网络研究中采用层次结构的直接动力。例如,对于邮政通信系统,这样一个涉及全国乃至世界各地区亿万人之间信件传送的复杂问题,解决方法是:将总体要实现的很多功能分配在不同的层次中;每个层次要完成的服务及服务实现的过程都有明确规定;不同地区的系统分成相同的层次;不同系统的同等层具有相同的功能;高层使用低层提供的服务时,并不需要知道低层服务的具体实现方法。下面用一个收发信件的过程来阐述层次性体系结构的工作流程。

人们平时写信时,都会有一个约定,即信件的格式和内容。一般必须采用双方都懂的语言文字和文体,开头是对方称谓,最后是落款等。这样,对方收到信后才能看懂信中的内容,知道是谁写的,什么时候写的等。写好之后,必须将信件用信封封装并交由邮局寄发。寄信人和邮局之间也要有约定,就是规定信封写法并贴邮票。邮局收到信后,首先进行信件的分拣和分类[②],然后交付有关运输部门进行运输,如航空信交付民航,平信交付铁路或公路运输部门等。这时,邮局和运输部门也有约定,如到站地点、时间、包裹形式等。信件送到目的地后进行相反的过程,最终将信件送到收信人手中。图 1-8[③]所示为信件传送过程。

---

① 本图引自张伟,杨华勇. 计算机网络技术[M]. 北京:清华大学出版社,2017.
② 张伟,杨华勇. 计算机网络技术[M]. 北京:清华大学出版社,2017.
③ 本图引自张伟,杨华勇. 计算机网络技术[M]. 北京:清华大学出版社,2017.

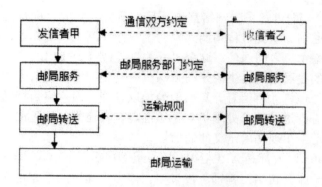

图 1-8　信件传送过程

邮政通信系统使用的层次化体系结构，与计算机网络的体系结构有很多相似之处，其实质是对复杂问题采取"分而治之"的结构化处理方法。因此，层次是计算机网络体系结构中又一重要和基本的概念。

八、TCP/IP 参考模型研究

20 世纪 60 年代初期，美国国防部委托高级研究计划局研制广域网络互连课题，并建立了 ARPANET 实验网络，这就是 Internet 的起源。ARPANET 的初期运行情况表明，计算机广域网络应该有一种标准化的通信协议，于是在 1973 年 TCP/IP 诞生了。虽然 ARPANET 并未发展成为公众可以使用的 Internet，但是 ARPANET 的运行经验表明，TCP/IP 是一个非常可靠且实用的网络协议。当现代 Internet 的雏形——美国国家科学基础网于 20 世纪 80 年代末出现时，借鉴了 ARPANET 的 TCP/IP 技术。借助于 TCP/IP 技术，NSFNET 使越来越多的网络互连在一起，最终形成了今天的 Internet。TCP/IP 也因此成了 Internet 上广泛使用的标准网络通信协议。

TCP/IP 标准由一系列的文档定义组成，这些文档定义描述了 Internet 的内部实现机制，以及各种网络服务或服务的定义。TCP/IP 标准并不是由某个特定组织开发的，实际上是由一些团体所共同开发的，任何人都可以把自己的意见作为文档发布，但只有被认可的文档才能最终成为 Internet 标准。

作为一套完整的网络通信协议，TCP/IP 实际上是一个协议。除了其核心协议——TCP 和 IP 之外，TCP/IP 还包括一系列其他协议，包含在 TCP/IP 的 4 个层次中，形成了 TCP/IP。

(一) TCP/IP 协议的产生背景

1972 年美国加州大学洛杉矶分校的 Vinton G. Cerf(温特·瑟夫)和 Bobert

E.Kahn(鲍伯·卡恩)进行了"网络互连项目"研究,研究目标是实现不同网络上的主机之间的通信。研究过程中两人发明了称作"网关"的设备,通过"网关"实现了不同网络主机之间通信。这个"网关"类似今天使用的路由器。

随着时代的发展最先诞生的是阿帕网。在这种网络的运营模式诞生之后,各个接口的信息处理机才将信息计算机信号加以管理,而网络数据通过之后还要关闭通信通道,否则这些信息处理机就无法准确接收信号,也无法识别何时结束传输。而这逐渐衍生出现在所定义的通信协议[①]。

Cerf 和 Kahn 两人都是 ARPANET 核心组的成员,于1965年毕业于斯坦福大学之后,便到一家公司当工程师。没过多久,由于知识的不充足便到加州大学进修,那时正值 ARPANET 的初始研究阶段,进行接口信息处理机有关研究并且取得了一定可人的成绩,随后也成了著名的科学家列奥纳德·克莱因洛克(Leona Kleinrock)手下的一位学生。此后不久,在 BBN 公司工作的鲍伯·卡恩(Bob Kahn)也来到了加州大学洛杉矶分校,参加 ARPANET 建设。

Cerf 和 Kahn 在1970年12月研制出最初用在 ARPANET 上的网络控制协议(Network Control Protocol,NCP),但要真正建立一个共同的协议标准很不容易。在研究过程中,一人提出设计样本,另一人则将符合设计的软件是编写出来。随后在一起进行测试和调节。这样日复一日地进行测试,其中包交换理论则为计算机技术的建立提供了理论基础。只有认识到各个操作系统的内部结构才能将网络协议加以升华,之后,二人又一起探索了这种功能的具体操作。1973年两人发表了有关传输控制协议/网际协议(TCP/IP)内容的论文,这是计算机网络发展过程中具有里程碑意义的事情,论文阐述了协议封装、分组、网关等概念,提出把网络纠错的位置从(IMP)转移到端主机上,使通信子网尽可能简单的思想。

TCP/IP 协议有两个基本要点:①网络的通信要分层次,每个层次只实现一种特定的功能。如 IP 层的功能是实现协议包从源节点到目的节点的网络传输,提供尽力交付的服务,并不关心和处理协议包的丢失,协议包的丢失问题交给 TCP 层处理。②要将每一个层次之间所记录的地址信息技术加以保存,并且分类总结,将协议所涉及的数据以信息包的形式传送给计算机,让计算机系统进行处理或者传输。而这个传递的过程就被定义为传送层,所涉及的信息都会有协议所定义的包头名称来加以区分。

1974年12月,Cerf 和 Kahn 的第一份 TCP/IP 协议详细说明,在"IEEE 通信技术汇刊"(IEEE Transactions on Comunications Tecnology)正式出版。科学家小组与美国国防组展开了合作,在制定标准协议过程中,这二人进行首次研究,并且

---

① 谢希仁. 计算机网络[M]. 北京:电子工业出版社,2017.

也有了制定标准协议的初步规划。而当时所进行的探索实验中,协议包的传输路径贯穿欧洲和美国,协议包先通过点对点的卫星网络,之后通过陆地电缆,再通过卫星网络和地面传输,经过了多种计算机系统,全程 9.4×104km 非常完整而又完美地进行了数据的进制。而这正好也成为可靠数据对传输是整个标准协议的有利证明。

NCP 的正式停用时间定格在 1983 年 1 月 1 日,TCP/IP 协议成为 ARPANET 的标准通信协议,TCP/IP 协议在 1985 年和 1988 年进行了修改和补充。与此同时,UNIX 4.2 版本第一次引入 TCP/IP 作为内置的网络通信协议,之后大多数的网络操作系统都开始支持 TCP/IP 协议。

ARPANET 中非军事通信的应用逐渐增多后,美国国防部在 1983 年另外组建专门用于军事的 MILNET 网络,之后 ARPANET 网络完全进入商业应用。1986 年美国国家科学基金会 NFS 组建国家科学基金网 NFSnet,逐步取代 ARPANET 所提供的服务,1990 年 ARPANET 与应用结束了关联,衍生出 Internet(因特网),TCP/IP 协议正式成为 Internet 的语言。正是由于 TCP/IP 协议,才有了今天 Internet 的巨大发展,通过 Internet 连接的世界形成了"地球村"。如今计算机连接 Internet 都要进行 TCP/IP 协议的设置,TCP/IP 协议成了当今"地球村"中"人与人"之间的"牵手协议"。

(二) TCP/IP 层次划分与功能

对于这种标准协议的层次划分与功能涉及标准协议的协议簇。这种层次分为四种,IP 位于第二层,TCP 位于第三层。这 4 种层次的结构相辅相成,承上启下,都是必不可少的一部分,而具体的结构层次又被分为以下 4 种:

1. 有关运用层的概念

运用层是使各个层次之间进行有效的沟通。而数据传送以及协议的传达也会涉及运用层。在 TCP/IP 参考模型之中,运用层被赋予了以下这两种定义:

(1) 运送控制协议。对于运送控制协议的定义,则是将可靠的传输协议加以实行,并按照协议的标准,无差错地、控制地、流畅性地送到接收方,并且将运用层的字节分为多个字节段,将不同的数据信息准确无误地通过网际层再运送到主机之中。这个运输过程,再将字节段恢复成原来的数据信息,同时控制流量,达到双方协调控制的标准。

(2) 信息数据协议,即为 UDP。这是一种不可靠的无连接协议,主要应用于分组顺序要求不高的传输过程中,主要有排查和分类完成。在这个 TCP/IP 的参考模型之中,运用层是整个模型的核心。运用层基本与所有高层协议都有决定性关系,随着新的协议的加入,主要还构成以下几种结构:①远程登录协议。②文件传送协议。③简单邮件传送协议域名系统。④简单网络管理协议。⑤超文本传送协议。

2. 有关运送层的协议

运送层的协议主要在于规范数据传送服务，比如用户数据报协议和传输控制协议等。两者之间都要处理各自的数据包，从而将数据信息传输到下一层次中。运送层的主要任务是传输运送，并且确认是否准确传达。运送层处于整个TCP/IP参考模型中的第三层，负责的是通信任务，主要目的在于连接接收方与发送方之间的线路，从而达到运输功能。

3. 网络层

网络层的主要任务是通过合适的信路选择适当的计算方法，将各个主机之间的数据包进行分组。然后通过网络选择适当的路径，从而向运送层的接收方传输网络信息。而网络层主要面对的是IP地址与子网掩码，分类网络功能，将网络地址和主机地址加以区分，应用HUB的网络协议得到交换机或网桥连接的网段。网络地址应该是相同的，但由于连接地址与路由器连接的网段也有所不同，要确定子网掩码、子网网络和地址范围等。

网络层的功能有：首先，处理来自运送层的请求，并进行分类归纳，收到请求之后，将报头信息进行处理，封装成IP数据报，然后选择路径进行输送。其次，处理接收的数据报。在接收数据之后，搜查出接收的地址或者寻求发送的路径。此过程中要进行IP地址的转换和程序处理的过程。最后，在处理互联的路径时，使网络运送更加通畅。

网络接口层是整个TCP/IP模型的最底端，主要任务就在于发送和接收IP数据。这个模型允许网络连接并且形成多种协议，包括物理层协议和概念层协议等。当被作为局域网进行交换时，则需要用到物理层的通道，这一层的内容也体现出这种标准协议的适应性和兼容性，也成为整个协议的网络基础。理论层则是基于四个概念层次才有所建树的。TCP/IP参考模型与OSI参考模型之中的差异性，主要体现在运用层，由于数量和功能相不对应，而网际层和网络层相呼应，接口层与物理层也相对应。但是对于记录层和处理层则没有相对应的协议，这使得TCP/IP参考模型在今后的运用中产生一定的缺陷。

4. 链接网络层

连接网络层与OSI参考模型中的理论层与信息层相对应，主要在于监视和交换功能上。但TCP/IP模型中并未具体描述此层的协议。在各个计算机技术之间所应用的协议中也是由TCP/IP模型的网络接入层所进行连接的。地址解析协议(ARP)工作在此层，即OSI参考模型的数据链路层。

(三) TCP/IP 参考模型的特点及优势

1. 模型特征

TCP/IP 标准协议的特征如下：

(1) 整个标准协议具有独立性。不依靠或依赖其他计算机硬件和操作系统，也无需考虑因特网的接入，所以此项协议在各国之间广泛应用，这也是一种将软件和硬件相互联系的集成方式。

(2) TCP/IP 协议独立应用于网络传输中。各种各样的网络系统和硬件中，用户可随意使用以太网，令牌环网等所有的网络传输硬件，不再受其他传输硬件的局限。

(3) TCP/IP 网络协议的设备在整个网络地址中拥有一个地址，简化了网络连接的过程。

(4) 整个协议提供的多项特色服务，使其在各国之内享有一定的盛誉。

2. TCP/IP 协议的优势

TCP/IP 模型是由四个分层来构成的，其中应用层为整个协议的高层协议，控制着整个协议的流畅运行。开放性的协议标准使人们可以免费应用，并且独立于各个计算机硬件和操作系统。TCP/IP 协议还可以在局域网或广域网之中灵活运用，独立于其他的网络硬件，甚至在计算机技术之中也更加适用。随着时代的进一步发展，人们对于 TCP/IP 协议有了更进一步的改良，使它能够在任何情况下随意取代其他网络，并且轻易地代替以前专有数据网络来传输信息数据[1]，电子邮件或者聊天平台会有专通的网络隧道，保障了功能的流畅性。现在有更多的投资商加大了对 IP 研究的投资，使专有数据网络逐渐淡出人们的视野，用 IP 取代专用服务，是一个用户的专有需求，也是 IP 网络服务的专有价值，在整个因特网中很多专有网络受到了压制。而 IP 的间接开销很小，所以在成本上具有很大的优势，这样人们可以不用过多的投资，便可实现 IP 运输数据服务。因此专有网络也逐渐被 IP 所取代。随着近年来科学和网络的发展趋势，TCP/IP 协议逐渐占据主流，而它所带来的各方面优势也是其他网络协议无法与之相媲美的。

3. OSI 与 TCP/IP 参考模型的比较

(1) 对 OSI 参考模型的评价。OSI 又称开放式系统互联，一般简称为 OSI 模型。这是一个国际标准化组织，成立于 1985 年。该网络体系将物理层、传输层、会话层等相联系起来。构成了 OSI 的开放系统相连模型。在这种框架下，规定了每一层的功能，从而使得开放系统环境的联系性、操作性和移植性同时实现。这种

---

[1] 刘磊安. 计算机网络[M]. 北京：中国铁道出版社，2016.

OSI 的系统模型将整个复杂的问题分成若干份，分别解决。这就是主体分层解决问题的方法。在 OSI 重建模型中，包括抽象现象、体系结构、服务定义、协议规定等。这种参考模型将层次之间和各层次包含的服务联系起来，从而以一个整体框架来统筹协调，也就是对网络内部结构最经典的概括和整体性的修改。在其他模型中定义这样各层所提供的服务更加详细的说明。每一层的服务就是特定下一层的能力，通过接口提供的更高层次将完成各种任务。

OSI 和 TCP/IP 模型的共同点，就是它们分别采用了层次结构概念，在划分与使用上有很大的区别，无论是哪一种，所涉及的模型与协议都不是最完善的。其中评价负面的也较多，很多科学家都认为 OSI 参考模型的协议将于风靡世界，但是事实却与此相反。其不能流行的基本原因就是模型与协议的自身缺陷，大多数人都认为 OSI 参考模型的数量和层次内容不是最佳的选择。随着数据链路层的深入，每一个子层都有不同的功能，从而将其与定义结合起来，在控制中容易出现错误。比如数据的安全性、加密性和管理性等都被忽略了。所以很多人的都批评这种模型不适合于计算机与软件的工作方式。而它最大的缺陷就是周期长，运行率低，所以并没有广泛应用。

(2) 对 TCP/IP 参考模型的评价。TCP/IP 参考模型与协议也有自身的缺陷，主要表现在以下方面。TCP/IP 参考模型定义为传输控制协议与计算机技术网络协议。这是由美国国防部所研究的成果，早在 20 世纪初就曾经被广泛使用，而得到了进一步推广。但是在 20 世纪末时便随着计算机技术的不断壮大，逐渐向全球发展，这个计算机技术协议，不仅在广域网上被普遍使用，在局域网上也能够替代其他协议而广泛应用。

4．TCP/IP 与其他低层网络技术的关系

低层网络均属于通信子网，涉及 5 层网络体系结构中的低 3 层，低层网络可以采用不同的技术，覆盖的地域范围也不同。局域网技术发展过程中采用过的主要技术有以太网、令牌环网、光纤分布式数据接口（FDDI）、ATM 局域网、无线局域网等，目前高速以太网技术已成为局域网的主流技术。

九、OSI 参考模型研究

OSI/RM 协议是由 ISO 来加以定义的，主要分为三种基础功能，其一，制定通用的理论有利于开发者研究。其二，通过不同的系统来解释工作原理。其三，给开发者完善的、具体的理论基础。而这个模型又将计算机体系具体划分为七个具体的研究方向：

(1) 理论层，通过物理的研究理论，利用其中介质传送电子的原理，达到数据转换的目的。

(2) 连接数据信息层，通过将不同的数据加以处理控制，将层次间的结构与硬件相联系，这在整个网络中起到拆装拼凑的作用，也决定了网络介质的访问方式。

(3) 信息层，将整个网络的信息数据加以分类，排序和加工。

(4) 运送层，将发送方所要传送的信息运输到接收方。

(5) 记录层，将简单的名称加以建立并且记录相关的地址名称。

(6) 处理层，处理所接收的信息的格式。

(7) 运用层，将网络和应用程序连接起来的功能。

(一) 信息运输

数据从一个设备传送到另一个设备中，需要打包成数据包，以这样一个信息单位进行传送。

1. 数据包定义

数据包是由不同的信息类型或者信息的控制数据和命令来控制的，由这几种因素组成了数据包的定义。

2. 建立数据包

对于数据包的建立过程，则是从模型的运用层产生运输层次的信息，通过不同层次的运输重新组装加以分类，增加自己的数据性。

(二) 协议的分层结构

1. 运用层的有关协议

运用层的协议规定要将应用数据间的交换和数据交换得以实现。比较常用的几个运用层协议包含：SMTP(简单邮件传输协议)、BOOTP、FTP(文件传输协议)、HTTP(超文本传输协议)，AFP(文件协议)——Apple 公司的网络协议族，用于交换文件，TFTP(简单文件传输协议)等[①]。

2. 运送层的有关协议

运送层的有关协议定义为将计算机之间的通信会话正常进行，并且确保计算机数据之间的运输传送流畅，有关运送层协议包含 TCP(传输控制协议)、SPX；ATP、NBP(名字绑定协议)、NetBEUI、udp(用户数据报协议)。

3. 信息层的有关协议

信息层的有关协议定义为提供链路服务，处理地址和路由信息等错误并主动请求。其中有关协议涉及 IP、IPX、NWLINK、IPX/SPX、DDP、NetBEUI、X.25、

---

① 刘化君. 计算机网络原理与技术[M]. 北京：电子工业出版社，2017.

Ethernet、arp、rarp；等等。

(三) 各个层次的功能体现

1. 理论层

理论层主要是使物理理论成为维持、激活各个通信点之间的理论基础，并且将各点之间的电气特性、功能特性等加以提升，成为整个信息传输的物理媒介。在这一层次里数据单位以比特为主，而物理层次的定义包括 EIA/TIARS-232、EIA/TIARS-449、V.35、RJ-45 等。

2. 连接数据信息层

连接数据信息是在物理层次的基础上进行传输的，需要将交流、控制数据、物理地址寻址等功能加以运用。这一层次以帧为单位，其他协议包括 SDLC、HDLC、PPP、STP、帧中继等。

十、计算机网络的标准化组织与参考模型研究

(一) 计算机网络相关的三个著名标准化组织

技术的发展必然导致技术的标准化，标准化有利于产品的设计、开发和生产规模的扩大，以及产品的维护。标准可以分为事实上的标准和合法的标准(如国际标准)。事实上的标准是经过实践由大家认可的标准，例如，IBM PC 及其系列机产品是微型计算机的既成事实标准，UNIX 是操作系统的事实上的标准，TCP/IP 协议是事实上的计算机网络标准。合法标准是由一些权威的标准化组织制定和采纳的标准，例如，计算机的串行通信接口 RS-232-D、开放系统互连参考模型(OSI/RM)等。

标准化组织分为两类。一类是根据国家政府间协议组建的，例如国际标准化组织(International StandardsOrganization，ISO)；另一类是自愿的、非协议的组织，例如以太网论坛、ATM 论坛等。国际标准化组织(ISO)成立于 1946 年，各个国家的标准化组织是它的成员。ISO 已经制定了 5000 多个国际标准。ISO 大约有 200 个技术委员会(TC)，每个技术委员会下面有分技术委员会(SC)，分技术委员会下面又分为工作组(WC)。TC97 负责制定计算机和信息处理的标准，其制定了开放系统互连参考模型(OSI/RM)，给出计算机网络体系结构参考模型，这是每一个厂商都要遵循的计算机网络体系结构的框架。目前的计算机网络产品都是参照它给出的层次和协议设计的。国际电信联盟(International Telecommunication Union，ITU)于 1947 年成为联合国的一个技术标准组织，负责电信技术标准的制定。ITU 有 3 个主要部门：电信标准化部门 ITU-T、无线通信部门 ITU-R、开发部门 ITU-D。ITU 有 5 类成员：政府部门，例如国家邮电管理机构；得到许可的电信运营商，

第一章 计算机网络发展研究

例如 AT&T、英国电信等；地区电信组织，例如欧洲 ETST；电信制造商和科研组织；其他有兴趣的组织，例如银行、航空公司的网络部门等。

ITU-T 的前身称为国际电报电话咨询委员会(Consultative Committee on International Telephone and Telegraph，CCITT)，1993 年前 CCITT 给出几个系列的建议书，这些建议书其实就是计算机网络和数据通信的标准，例如，用于电话网的 V 系列建议书、用于分组交换网的 X 系列建议书；用于宽带综合业务数字网的 I 系列建议书等。1993 年 CCITT 撤销，其原有的工作由 ITU-T 接管。ITU-T 下面有研究组(Study Group)，研究组下面分为工作组(Working Party)，工作组又分为专家组(Expert Team)，专家组最后分为特别小组(例如 Ad Hoc Group)。ITU-T 有 15 个工作组，分别负责某一领域具体电信技术标准的制定。

美国电子电气工程师协会(Institute of Electrical and Electronics Engineers，IEEE)有一个标准化组，制定涉及电子工程和计算机领域的技术标准。IEEE 最有成就的工作是制定了局域网的标准，称为 IEEE 802 标准，后被国际标准化组织接纳为国际标准 ISO 8802。IEEE 出版有 IEEE 系列杂志，与计算机网络有关的有 IEEE Compeer Network 等。IEEE 每年召开多次会议，交流和讨论计算机、计算机网络、电子工程、数据通信等领域的技术问题。

美国国家标准协会(American National Standard Institute，ANSI)，对计算机网络和数据通信制定了美国国家标准，多数被接纳为国际标准，例如，高级数据通信控制过程(ASCCP)。美国电子工业学会(Electronic Industries Association，EIA)制定了物理层协议 RS-232-D 等标准。近年来，EIA 在移动通信领域的标准制定方面开展了许多工作，例如，在蜂窝移动通信中采用的标准 IS-41、IS-94、IS-95 等。美国计算机学会(Association for Computing Machinery，ACM)制定计算机及计算机网络技术标准，出版有 ACM 系列杂志，参与制定计算科学课程的研究和建设，举办世界范围的 ACM 程序设计竞赛。

(二) Internet 标准及制定组织

因特网(Internet)是由一些独立的管理机构管理的，最初的 Internet 管理组织是在 1983 年为管理阿帕网(ARPANET)而成立的 Internet 活动委员会(Internet Activities Board，IAB)，后来改为 Internet 体系结构委员会(Internet Architecture Board，IAB)，负责 Internet 技术和标准的制定。后来又成立了 Internet 协会(Internet Society，IS)。

WWW 联盟由美国麻省理工学院计算机科学实验室(MIT/LCS)、欧洲国家信息与自动化学院(INRIA)、日本的 Keio University Shonan Fujisawa 等组成。WWW 联盟是一个国际性的工业联盟，独立于其他 Internet 组织，致力于与 Web 应用有关协议的研究和制定，例如 HTTP、HTML、URL 等。

(三) OSI 与 TCP/IP 体系结构的对比

1. 相似点

(1) OSI 和 TCP/IP 均将重点放在网络层、传输层和应用层，各个层次间结构设计有共同点，功能体现大致相同。

(2) 两者都可以将不同厂家生产的计算机联系起来，使异构网达到互联的状态。

(3) 两者均是基于协议数据单元的包交换网络。

(4) 两个模型传输层以上的各层都是传输服务的用户，并且是面向应用的用户。

尽管 ISO/OSI 模型和 TCP/IP 模型基本类似，但也有许多不同之处。接下来将讨论两种模型的差异。

2. 不同点

(1) 两种模型的层数不同。ISO/OSI 模型有 7 层，而 TCP/IP 模型只有 4 层。两者都有网络层、传输层和应用层，但其他层是不同的。

(2) 有关服务类型方面不同。ISO/OSI 模型的网络层提供面向连接和无连接两种服务，而传输层只提供面向连接服务。TCP/IP 模型在网络层只提供无连接服务，但在传输层却提供两种服务。

(3) 对异构网络互联的考虑情况不同。TCP/IP 一开始就考虑将重心放在网络协议之中，而 IP 则为核心部分。这种异构网的互联问题受到了极大的关注，但是相反的 OSI 和 CCITT(ITU 的前身)前提只考虑到将统一标准的公用网络联系在一起为首要目标。

第三节 计算机网络在信息时代的地位与作用

一、计算机网络在信息时代的地位

(一) 计算机网络与经济发展的关系

计算机技术经济是一种特殊的信息网络经济或计算机技术经济学，是指通过网络进行的经济活动。这种网络经济是经济网络化的必然结果，也是网络促使经济发展的必然结果。它是与电子商务密切相连的网络活动，包括网络贸易、网络银行、网络企业以及其他商业性的网络活动。随着电子商务、电子货币、电子政务的发展，又对计算机技术和网络技术提出了更高的要求，这不仅需要网络建设，通过 TCP/IP 来构建一个全方位的公共通信服务的网络连接；还要加强相关软件技术的开发，以切实满足构筑新形态商务活动应用环境的需求。同时，网络安全问题对电子商务等活动造成了很大的影响，这需要加大网络安全建设的步伐，尽快建立全方位的网络安全体系，能够使网上交易等一系列活动能够安全准确的进行，这是网络经济能够顺利生存发展的基本条件之一。

（二）计算机网络对经济的影响

全球信息网所引发的涟漪效应已经冲击到人们的日常生活，引发了一波波的浪潮。这不是媒体业界所受的巨大冲击，也不是人际通信的新奇工具，而是经济结构和整个社会结构的变化。在这种经济信息化的作用下，人们越来越认识到技术进步在经济增长中的巨大作用。信息技术对世界经济整体形成的黏合作用，是显而易见的。信息技术进步是世界经济一体化或整体性增强的自然物质条件。关于建立世界经济科学体系的争论由来已久，人们并没有关注到，信息的传输与获取技术的整体水平和不平衡发展，仍是各国经济交流与国际性体现的障碍。当哥伦布、麦哲伦等航海探险家去发现"新大陆"时，人们所关注的是由此所带来的商业革命和市场开拓，并没有意识到，这是信息沟通方式的革命性进展。到了电子计算机时代，人们有可能通过全球数字通信网，全天候了解世界任一地区经济情况变化时，才意识到信息及信息传输、处理技术对世界经济整体化的作用。实际上，它存在于世界经济整体化发展的全过程之中。自然科学、哲学对时空的研究获得的重大进展，时空现实变化对世界经济整体化发展的极其重大的意义，在社会科学那里却因其显而易见被忽视了。世界经济发展规律的研究，不重视信息及信息技术作用的线索，是不全面的。由于信息技术的高度发展，世界经济出现了一些新现象，一些基于过去情况得出的某些结论，需要有新的发展。

(1) 竞争越来越激烈。由于消费者可以通过网络和生产者直接交易，那些效益低、服务差的公司在和效益高、服务好、信用好的大公司竞争中被击败。那些过去由于交通条件等形成的"地区垄断"会逐渐消失，人们将面临一个竞争激烈的大市场。正因为如此，在某一产业的内部企业的数量会有所变化。

(2) 企业会更专业化，规模也会扩大。由于网络能减少企业使用市场的交易费用，企业之间会"垂直脱钩"，个别企业集中生产它的优势产品和提供核心业务，就会从市场上购买非核心的产品和服务。也就是说，垂直生产链上的企业数目会增加。这对发展中国家有着非常重要的意义。

（三）计算机网络对经济建设的渗透

计算机网络与经济共同繁荣的方式是，在商务活动的全过程中通过人与电子工具的紧密结合从而促进二者发展。作为一项庞大而复杂的系统工程，网络技术所涉及的高素质人才涵盖各个领域，有网络设施建设、数据处理、深层数据分析以及经贸、公安、环境保护、交通运输、工商和海关等多个行业。网络技术目标的实施、扩展、组织以及开发都是在相同的技术条件、经济环境下由各个领域的人才共同实现的。网络经济的具体运作过程是商务理论、商务实践与电子工具的有机结合，也需要网络经济的复合型人才。

数字化、网络化、信息化是21世纪社会的重要特征，计算机技术的飞速发展已从最初的教育科研领域成功转型为商业网络，它是由数百万台计算机和数亿用户组成的跨越全球的计算机技术网络。网络正在改变人们全人类的工作、学习、生产、生活，给全世界带来了巨大的影响。

二、计算机网络在信息时代的作用

世界各国，特别是发达国家已将中小学普及教育信息化列为政府的重大改革项目，教育信息化的推广及应用是传统教育与现代教育模式的有机结合。在网络教学环境下，将建立新型的师生关系。新型的教学方式，体现了教师为主导、学生为主体的教学组织结构，将学生看成是学习的主动者，培养学生的创新精神和实践能力，利用网络先进的技术授课，体现出教学上的开放性和思想内容上的创造性。

从经济学的角度看，目前计算机网络已成为推动社会经济发展与科技创新的强劲动力，成为拉动经济增长的火车头。网络将人们的日常工作联结一体，在经济领域不仅作用于传统的贸易流通，还作用于工业生产流程，在促进传统产业的转型、实现信息化带动工业化的跨越式发展过程中发挥着越来越重要的作用。计算机网络的"网格化"作用从内部和外部同时发生。在流通中形成渠道价值和渠道力量，它突出了知识、信息的价值，广泛而迅速地传递商贸信息。营造健康文明的网络环境是未来保持中国计算机网络持续、快速、健康发展的基础和必要条件，计算机网络的发展将为我国建设创新型国家带来机遇。目前计算机网络已经成为现代信息通信基础设施的重要组成部分，随着信息技术革命的不断发展，世界上大部分国家都将发展计算机网络作为抢占经济、科技文化竞争的制高点。

从政治角度看，计算机网络具有调节功能，充当社会情绪、社会心理的调节器、缓冲阀，成为开展各种政治活动的便捷载体。"知屋漏者在宇下，知政失者在草野"。网络信访已经超越了传统的信访形式，在疏导民情民意、调节社会矛盾、推动社会发展等方面发挥着越来越重要的作用。

现如今，计算机网络已成为人们生活中不可或缺的"必需品"，它可以实现网上购物、虚拟旅游、电子游戏、电子银行、远程医疗、电子图书馆、电子论坛、电子广告以及网上办公等功能，代表了人类新的生存方式。人的生存也是与他人和社会发生互动的过程，计算机网络的出现，改变了人们的外部沟通方式、接受外部作用的方式以及面对的外部组织结构的状态。人与人的交往以间接的交往形式为主，不受物理空间的限制，所以计算机网络也可以被视为一种以个人价值为多中心节点的渠道，它将各国、各地区联成一个整体，形成网络社会，人们的社会生活在很大程度上依赖网络。

当然，任何事物都有两面性，网络在人类社会中既发挥着积极的作用，同时也存在消极的影响。网络的虚拟性、虚假性、偏激性等弊端不容忽视，这要求人们要正确认识虚拟世界和现实世界的区别。对此，人们应当以积极的态度找到行之有效的办法，而不能因噎废食，要学会自觉、自制，摒弃无效信息，更好地利用网络上的有益资源，找到一个平衡点；要诚实友好，不侮辱、欺诈他人，同时要增强自护意识，维护网络安全与秩序，不沉溺虚拟时空；更要注意现实与假象之间的区别，遇事三思而行，树立正确的价值观，提高自己辨别是非的能力；限制计算机网络的负面影响还应当着手推进计算机网络经营者自律，加强传播监管和完善法律规范。

第二章　教育信息化与网络教育的相关探究

如今，信息技术的不断发展，促使我国传统教育体系的革新。教育信息化与网络教育的应用，成为我国教育发展的新趋势。本章从教育信息、网络教育的概念等角度进行分析，使人们对其理解更加透彻。

第一节　教育信息的基本概念

一、教育信息化概述

"教育信息化"这一术语，自 20 世纪 90 年代以来在国内外非常流行。国内有不少专家对这一概念作过认真的探讨，并对"教育信息化"的含义从不同角度作过比较深入的论述。但是令人遗憾的是，这些探讨或论述往往都停留在对这一术语的部分含义或某些特征进行描述或论证的阶段，尚未达到对"教育信息化"这一术语给出确切定义的水平。换句话说，就是对这一概念的基本内涵还不能够准确地把握。另外，在这些探讨或论证中还往往出现以下两种概念上的混淆：一是"教育信息化"和"教育应用"的混淆——这二者无疑是有密切关系的，但是并不能等同；二是"教育信息化"和"信息技术教育应用"的混淆——这二者之间的关系应该说比"教育信息化"和"教育应用"更为密切，但是根据下面的分析可以看出：前者的内涵可以包括后者(即"教育信息化"的内涵可以包括"信息技术教育应用")，但是后者的内涵却难以完全包括前者。由此可见，目前关于"教育信息化"这一术语的使用仍处于比较混乱的状态，因此很有必要加以澄清，以正视听。

中国学者结合我国的国情和教育信息化发展的实际状况，对教育信息化的定义及内涵，做了认真的研究与探索。按照现代汉语词典的解释，"化字可作为后缀加在名词或形容词之后构成动词，表示转变成某种性质或状态。"对这一解释，开始时人们基本认同；但后来联系实际状况进行分析就发现，这种解释尽管出自权威的现代汉语研究机构，却存在一定的片面性，必须加以扩展和补充。"化"字作

第二章 教育信息化与网络教育的相关探究

为后缀加在名词或形容词之后确实可以形成一个动词，但这个动词的涵义并非如现代汉语词典的解释那样，只有一种涵义——"表示转变成某种性质或状态"，而是有两种不同的情况：第一种情况是，"化"字加在形容词之后成为一个新动词，该动词一般是及物动词，其涵义是使它的作用对象(直接宾语)具有相关形容词所表征的性质或状态——如绿化(祖国)、美化(某种事物)、丑化、强化、弱化、深化、淡化等。第二种情况是，"化"字加在名词之后也成为一个新动词，该动词一般是非及物动词，其涵义是使原来名词所表征的内涵、作用与功能扩大，使之能在更大的范围、更广阔的领域或更多的部门得到体现——如工业化、机械化、网络化、智能化、信息化等。可见，"信息化"是属于第二种情况而非第一种情况。其涵义是使"信息"这一名词所表征的内涵、作用与功能扩大，使之能在更大的范围、更广阔的领域或更多的部门得到体现。由于"信息技术"是关于"信息"如何获取、分析、存储、变换、加工、传输与利用的技术，也就是使"信息"所表征的内涵、作用与功能充分体现并进一步扩展，所以"信息化"在很多情况下也被看作是"信息技术化"——其涵义是使"信息技术"这一名词所表征的内涵、作用与功能扩大，也就是使信息技术能在更大的范围、更广阔的领域或更多的部门得到应用与推广。这样，人们就可以把"教育"+"信息化"所组成的复合名词"教育信息化"的涵义顺理成章地理解为："信息与信息技术在教育、教学领域和教育、教学部门的普遍应用与推广"——这正是"教育信息化"这一术语比较全面而准确的基本内涵。

对于教育信息化的这一内涵，应当特别关注以下三个要点：第一，教育信息化是包括信息与信息技术这两个方面在教育、教学中的应用与推广，而非仅仅指信息技术这一个方面在教育、教学中的应用与推广。第二，教育信息化在教育、教学中的应用与推广涉及教育、教学领域和教育、教学部门这两大范畴(前者侧重教育、教学中的应用，后者侧重行政管理或教学管理中的应用)，而非仅仅涉及教育、教学领域或教育、教学部门这一个范畴。第三，教学活动是具有一定时空限制、一定组织形式并有教师参与的特定教育活动，教学是最重要也是最普遍的一种教育形式(教学活动的时间限制体现在课时安排，空间限制体现在教室授课，组织形式体现为小学、中学、大学、职业学校或短期培训等多种不同形式)。教育信息化在强调应将信息与信息技术在整个教育领域和教育部门中应用与推广的同时，必须把重点放在教学领域(其中又包括教学过程、教学资源、教学评价等几个方面)的应用与推广。不抓住这个重点，教育信息化就会本末倒置，就会迷失方向，就不会取得显著成效。只有深刻认识教育信息化的上述基本内涵并特别关注这三个要点，才能牢牢把握住教育信息化的主攻方向、关键措施及发展趋势；否则，将会盲人骑瞎马，白白浪费在教育信息化领域投入的巨额资金，最后一事无成。

随着网络技术的不断发展和完善,教育信息化作为一种新型的教学模式对于满足信息社会终身教育、全民教育、个性化教育以及社会化教育的需求,加速我国的教育事业的发展具有重要的意义。现代教育信息化是利用网络技术、多媒体技术等现代信息技术手段开展的新型教育形态,是建立在现代电子信息通信技术基础上的教育信息化,它以学习者为主体,学生和教师、学生和教育机构之间主要运用多种媒体和多种交互手段进行系统教学和通信联系。相对于传统教育信息化形态(函授教育、广播电视教育等),教育信息化是现代信息技术应用于教育后产生的,即运用网络技术与环境开展的教育[①]。

二、教育信息化的安全性分析

计算机辅助教学系统给教师教学带来了很大的便利,但计算机技术是一个的开放系统,在信息的保密和系统的安全方面存在安全隐患,教育信息化中的安全问题日趋突出。

一般来说,网络安全由四个部分组成:一是运行系统的安全,即保证信息处理和传输系统的安全,它侧重于保证系统正常运行,避免因为系统的崩溃和损坏而对系统存储、处理和传输的信息造成破坏和损失;二是系统信息的安全,包括用户口令鉴别,用户存取权限控制,数据存取权限、方式控制,安全审计,安全问题跟踪,计算机病毒防治,数据加密;三是信息传播的安全,指可对信息的传播后果进行控制,包括信息过滤等,对非法、有害的信息传播后造成的后果,能进行防止和控制,避免公用网络上大量自由传输的信息失控;四是信息内容的安全,它侧重于保护信息的保密性、真实性和完整性,避免攻击者利用系统的安全漏洞进行窃听、冒充、诈骗等有损于合法用户的行为。

从以上分析可以看出,计算机教育信息化安全隐患包括以下内容:

(一)黑客的危害

从信息安全的角度来说,黑客的是指对电脑系统的非法侵入者。黑客常用的攻击手段和方法有获取口令、放置特洛伊木马程序、寻找系统漏洞、WWW 的欺骗技术、寻找系统漏洞并偷取权限等。

(二)逻辑错误

逻辑错误对教育信息化环境的安全有着直接的影响,也是安全隐患研究的主要内容。这种类型的隐患大多是由于低质量的程序代码等技术原因形成的,一般可分为环境错误、配置错误和编程错误。

---

① 石庆民,朱姗虹. 计算机教育信息化中的安全性研究[J]. 数字技术与应用,2011(08).

(三) 系统弱点

教育信息化系统的弱点指系统存在的错误或缺陷，发现或解释这种隐含的不安全因素是非常困难的。系统安全是相对的。教育信息化系统的弱点主要体现在以下几个方面：通过隐晦手段获得的相对安全、加密的缺陷以及弱口令和静态口令的大量存在。

三、保障教育信息化安全性的措施

(一) 防火墙技术

防火墙是用来对因特网中特定的连接段进行隔离的任何一台设备或一组设备，它们提供单一的控制点，从而允许或禁止在网络中的传输流。通常有两种实现方案，即采用应用网关的应用层防火墙和采用过滤路由器的网络层防火墙。防火墙的结构模型可分为策略(policy)和控制(control)两部分，前者是指是否赋予服务请求者相应的访问权限，后者对授权访问者的资源存取进行控制。

(二) 网络防病毒技术

对于目前教育信息化环境安全的需求，网络版杀毒软件主要对网络内计算机系统(PC、服务器和各类应用)做重点防护，保证网络数据的完整性和可用性。使用有效的网络防病毒软件，对整个网络计算机系统进行监控，及时升级杀毒软件包及操作系统，确保整个网络的正常无毒运行。

(三) 数据加密技术

数据加密分为对称加密和非对称加密。在对称加密技术中，对信息的加密和解密都使用相同的密钥。在非对称加密体系中，密钥被分解为一对，即公开密钥和私有密钥。公开密钥通过非保密方式向他人公开，而私有密钥妥善保存。公开密钥用于加密，私有密钥用于解密。

(四) 漏洞扫描技术

在教育信息化环境内布置漏洞扫描系统，采取时间策略定时扫描整个网段，对来自通信、服务、设备、系统等的漏洞进行扫描。采用模拟攻击的手段去检测网络上隐藏的漏洞，对网络不做任何修改或造成任何危害，提供漏洞检测报告和解决方案，从而有效地检查教育信息化环境的安全性。

随着社会的发展和科技的进步，开放教学、教育信息化等模式已成为教育发展的必然趋势。Internet 在这一教学模式中起着至关重要的作用，它使远距离互动教学成为可能。但同时人们也应该注意到：人们在得益于网络的同时，网络上的数据也受到了黑客的攻击和篡改，所以网络安全问题变得越来越重要。它是使教育信息化得以顺利进行的根本保障。

四、教育信息化的结构模式

教育信息化模式打破了传统的教学模式，大大丰富了教学内容，拓宽了教育空间。现代建构主义理论认为"情景""协作""会话"和"意义建构"是学习环境中的四大要素。建构主义学习理论和学习环境强调以学生为中心，教学观念由以往的"以教师为主"向"以学生为主"转变，使学生从学习的被动者中释放出来，成为学习的主动者，教师则由知识传播者、灌输者转变为学生获取知识的指导者、促进者。彻底摒弃以教师为中心、强调知识传授、把学生当作知识灌输对象的传统教育思想与教学结构。顺应时代的发展，计算机教育信息化发挥其自身的巨大优势，突破时间、空间和地域的限制，充分共享教育资源，做到真正的教育全民化、教育终身化[①]。

五、教育信息化的主要特点

现代的教育信息化是以计算机、电信和卫星电视三大通信媒介作为基础，主要是通过网络虚拟教室、校园网和 Internet 等形式在网上进行教与学的活动。教育信息化本质特征就是师生的分离性、交互性、自主性、媒体技术性、教育性。

分离性指的就是教师在时间上、空间上、心理上与教师处于分离状态，打破传统教育固有的一种思维——教师在教室里为学生灌输知识。教育信息化中，教师可以在教室，机房甚至是家中为学生们解惑，学生则拥有更广阔的自由空间，不再局限于如场所、生理缺陷、社会职位的高低等约束，达到"有教无类"和"按需学习"的目的，学习者可以自由地支配时间、选择地点、学习内容、学习方法甚至教师，这为在职的人员或有障碍者接受教育提供了极大的便利。

交互性即指师生之间的双向交流。学生不仅能在网上与老师进行交流，而且还能通过网络与其他学生甚至是专家进行探讨。教师既能一对一单独对学生进行辅导，也能一对多地对学生进行教学，通过使用电子邮件、语音信箱、视频等多种媒体技术，实现了一种交互式的教学，师生之间、学生之间不仅可以双方甚至还可以多方进行交互式交流。这种交互性突破了函授式教学存在的师生双方的即时性和被指定教师的约束性，教育信息化中学生如遇到学习上的问题可以选择留言或者与其他教师探讨问题，充分做到人性化的一种需求，也符合国家提倡"以人为本"的理念。

---

① 梁凡．浅议计算机教育信息化[J]．信息与电脑(理论版)，2010(01)．

自主性，教育信息化是实现终身教育主体化，让个体充分、自由发展的教育。教育信息化给予一种灵活自主、完全开放的自由学习环境，做到"以人为本"。学生在这种环境下，充当最主要的角色，是教学中的主体。学生可以在网络上寻找自己感兴趣的知识并自由组合，然后在最适合自己的时间与空间里自由学习。媒体技术性，计算机教育信息化的实现，依赖于媒体技术和计算机硬件系统。媒体技术为了使教育信息化得以更好的实现，自身会不断更新优化，使之达到更好教育效果，与此同时，好的教育信息化又对媒体技术和设备提出更高的要求，两者相互促进，相辅相成。

六、教育信息化的意义

国家要实现现代化，教育现代化是根本，而教育信息化则是教育现代化的方向。一方面，以互联网为代表的信息技术正在推动着人类社会的变迁，改变着教育教学所处的外部环境，对传统的教育教学提出了全面革新的要求，成为教育系统改革的外部推力。另一方面，互联网、大数据在教育教学领域的迅速渗透，迫使教育工作者的观念必须更新，传统的教学过程必须重构，教学模式必须创新，教学空间必须扩展，所有这些组成了教育系统改革的内在动力。外部推力和内在动力都指向一个目标，即教育信息化。这是科学技术和教育事业发展到一定阶段的必然要求。

现在，世界上很多国家都把教育信息化作为国家发展、民族振兴的重要战略目标，积极组织推进。美国制定了《变革美国教育，以技术推动学习》计划，提出构建以学习者为中心、以技术为支撑的新型学习模式。韩国实施教育信息化基础建设工程，积极建设教育行政管理信息化平台和数字资料室支援中心，在利用网络开展在线学习的基础上努力构建全方位的网络学习体系。联合国教科文组织亚太地区教育局提出，成员国应当把教育信息化政策作为国家教育总体规划的必要组成部分，并且制定了到2030年应用信息通信技术促进教育信息化的目标。

教育信息化可以促进教师队伍素质水平的提升和优化。信息化的教育教学方式使优质教师的能力得到最大限度的发挥，效果得到最大的辐射，观摩"精品在线开放课"等于接受最生动、最便捷的培训，使其他教师有了更多、更直接向优秀教师学习的机会。同时，信息化教学方式由于提高了优秀教师的工作效率，可以有效精简和优化教师队伍。

信息化教学可以充分调动学生的主动性。特别是多媒体这种直观、便捷的演示方式，使课堂教学呈现出一种崭新的形式，改变了过去那种学生一味被动地听、教师填鸭式地教的状况。由于能够营造出各种生动活泼的场景，让学生身临其境、参与其中，实现师生互动，学生对知识掌握得更扎实。只有主动地学习，才有最好的效果，而这正是教育家极力主张的。信息化还使学生有了更多自由选择学习科目和内容的机会，他们可从自己的兴趣、爱好、特长和基础出发，在选定的专业领域学得更深、更透。这样有助于学生的个性化发展，有利于培养更多、更好的各类专业人才。

教育信息化充分利用了互联网不受时间、地点、硬件条件限制的特点，为各类人群的学习提供了方便。E-learning(在线学习)、U-learning(泛在学习)创造了随时随地利用网络进行学习的可能，可以最大限度地满足人们学习的愿望。对在校学生来说，更是能够充分利用时间和提高学习效率。这对提高我国的各级各类学校教学质量和提高全民素质无疑都具有十分重大的意义。

七、教育信息化过程中的问题分析

(一) 教育信息化过程中现存的问题

1. 重视程度不够

教育信息化建设是一个需要大量人力、物力、财力投入的系统工程。个别教育主管部门和学校领导对教育信息化重视程度不足或认识片面，受地方经济发展不均衡限制，资金投入不到位使得资源配置上存在不足，造成教育信息化出现原发性、局部性、随意性现象。

2. 教师信息化水平偏低

部分教师缺乏信息化专业知识的应用培训，使得教师不能得心应手地掌握信息化教学手段组织课堂教学，在信息化材料的选材、设计上效果不佳，使得信息化教学流于形式；忽视学生主体地位，缺乏信息化教学必需的。

3. 教学手段不科学

一方面教师在教学实践中沿袭旧有课堂组织模式，手段枯燥单一，虽然有信息化手段的应用，但多媒体手段运用不当，学生参与度不够，互动不足，表现形式单一，没有充分发挥信息化教学的优势；另一方面在信息化教学手段的运用中普遍存在盲目性和随意性，过分依赖光鲜靓丽的多媒体教学手段，单纯以学生兴趣为主，忽视学生对教材内容的深入探讨。

(二) 教育信息化的解决对策

1. 同步完善基础建设与信息建设

(1) 建设原则问题。需要遵循两项基本原则：一是适度超前原则。技术应用需要经历探索、引进、推广和创新应用 4 个阶段，而技术的发展进步日新月异、瞬息万变。因此，坐等技术的成熟完善、推广应用和费用下降只会让教育始终处

第二章 教育信息化与网络教育的相关探究

于一种消极被动状态。要突破传统的"能用、够用、好用"的思想局限，适度超前建设和升级信息基础设施。二是自下而上原则。整体来看，我国教育信息化建设基本按照自上而下的原则推进，期间过多关注政府、教育主管部门和学校的建设目标，而忽视教师和学生的实际应用需求，从而导致教育信息化的功能、作用和效益得不到充分发挥。从教师、学生和学校的实际需求出发，是推进教育信息基础设施建设与升级的最有效途径。

(2) 建设经费问题。教育信息基础设施建设，离不开巨大经费的投入。可以通过三种途径筹措资金：一是国家财政和地方财政加大经费投入，这是最直接、最有效的方式。二是与当地工厂和企业合作来寻求经费支持。学校可以充分利用设备和人才优势，为当地工厂和企业提供人力资源培训，搜集市场信息，为经济社会发展服务。当地经济社会发展好了，才有能力反哺教育和发展教育。三是寻求社会资金的扶持。现在社会上各种形式的扶贫基金、慈善基金、公益基金和发展基金非常多，为了学校、教师和学生自身的发展，学校可以主动出击，积极寻求这些基金的帮助。

(3) 建设内容问题。提到教育信息基础设施建设，就离不开计算机、电子白板购置和多媒体教室、校园网建设等话题。校园网建设是教育信息基础设施建设中最重要、也是最基本的。在教育云时代，加快校园网络建设具有更加重要的现实意义和实践价值。通过网络，学校之间可以实现教育信息的互联互通和教学资源的共建共享；教师可以实现远程培训和区域教研，实现协同创新和均衡发展；学生也可以实现网络环境下的自主学习、探究学习和协作学习，培养创新能力。

2. 优质教育资源开发与共享

(1) 优质教育资源的界定。

1) 优质教育资源范围的界定。优质教育资源是一个历史的范畴，它随着时代的发展而变化和丰富，且应该包括五个方面：一是学校的文化资源，具体包括学校的办学理念、价值观念、教职工的认同感和所在地区的支持；二是学校的制度资源，包括学校正式规章制度、非正式制度和外部制度资源；三是学校的物质资源，包括学校的软硬件环境及其配置方式；四是优质的教师资源，包括教师研究能力、职业精神和专业能力、合作能力与团队精神；五是学校的特色资源，具体包括教师风范和校长风范，文化、制度和物质以及培养的学生。由此可见，现阶段人们开发的资源，只能称之为数字化课程教学资源，仅为优质教育资源的一个重要组成部分。

2) 优质教育资源的质量界定。调查发现，众多专家评选出的优质教育资源，并不被地区基层教师认可，究其原因，评价主体错位是主因。因此，为促进教师获得优质教育资源，各级教育管理部门应该由资源建设者转变为资源服务提供者，把资源评价的权利还给教师，同时把资源开发的经费转移支付给学校，由学校自主开发或选择购置优质教育资源，教育管理部门的主要工作是监管经费使用情况和验收资源开发项目成果。

(2) 优质教育资源的形态。应优先开发视频教学资源、专题学习网站等。一方面，视频教学资源能够为学生提供真实的课堂学习情境和向优秀教师学习的机会，有利于激发学生的学习兴趣和提高学习效率，也有利于培养学生分析问题和解决问题的能力。另一方面，视频教学资源能够为教师提供真实的课堂教学情景和向优秀同行学习的机会，有利于促进教师教学观念的转变和教学技能的迁移，也有利于教师对课堂教学过程中知识的学习。另外，要加大优秀教师的教学视频资料、教学公开课、教学示范课和学科教学研讨活动视频资源的开发力度。当前的视频教学资源过于简单，且是一维封闭的，缺乏交互。因此，视频教学资源应该借助网络技术和数据库技术，发展成为集视频、音频、图片、动画、网页和教学活动于一体的超媒体。另外，网络条件下教育环境建设的不断推进，专题学习网站将会发挥更大的功能与作用。通过专题学习网站，可以开展基于专题资源学习、自主探究式学习、小组协作式学习和研究性学习等学习模式，培养学生的信息处理能力和自主学习、协作学习、探究学习能力。

(3) 优质教育资源的开发。开发优质教育资源前，首先要做好顶层设计，从全局出发，避免低水平的重复建设。在理念上，要优先考虑教育资源的开放性、共享性、扩展性和可移植性，要坚持区域规划指导与学校自主实践相结合原则，资源要能够满足学校发展、教师教学和学生学习的个性化需求。在技术上，依据现有条件，充分利用计算机网络技术和数据库管理技术搭建教育资源公共服务平台，实现教育资源信息的互联互通。同时，地区优质教育资源的开发也要积极引进和应用云技术，在构建基础教育云服务平台的基础上建设教育云资源。另外，地区还要重视双语教育资源的开发，因为藏、维、蒙等少数民族有自己独特的民族语言和文字，现阶段开发的双语教学资源，无论数量还是质量都明显不足。

3. 加强校领导和骨干教师的培训

校领导信息化领导力培训。校长作为教育的领导者、执行者和引领者，对推进教育信息化建设具有举足轻重的作用。已有调查表明，在推进教育信息化的进程中，校长可以扮演阻碍者、旁观者、组织者和实践者等不同角色。因此，要充分发挥校长的积极作用，通过培训不断提高校长的信息化领导力，使其成为教育信息化的组织者和实践者。校长信息化领导力包括权力和个人影响力两个方面。权力主要由学校信息化系统的规划与建设、学校信息化人力资源建设、学校信息化教学应用与管理、学校信息化建设中的经验总结与评估、学校信息文化建设五个方面构成。个人影响力主要由校长的信息化意识、传递学校信息化愿景的理念、

第二章 教育信息化与网络教育的相关探究

信息化理论与技术的应用能力、信息化环境下的人际沟通能力、信息社会的责任感五个方面构成。校长可以通过自主学习信息化领导力课程、组建学习共同体、参与体验式培训和课题研究式培训等方式，提升信息化领导力。但是，要注意厘清校长信息化领导力与学校信息化领导力的区别与联系。只有将校长信息化领导力与学校信息化领导力融为一体，才能避免因为校长的调离而使教育信息化发展陷入停滞等不利境地，影响教育信息化的可持续发展。

骨干教师信息技术能力培训。骨干教师是学校教育教学的中坚力量，是教师队伍的带头人，其信息技术水平和信息化教学能力发展将在一定程度上影响整个教育信息化进程。因此，要加大对骨干教师的信息技术能力培训。通过在培训内容、渠道、模式和策略等方面进行的大胆创新与实践，使教师信息技术能力培训取得良好的效果，积累丰富的培训经验。骨干教师要想成为教育信息化的引领者和推进者，必须做到以下四点：一是培训规划的参与制定者，二是学习过程的管理者，三是活动内容与形式开展的组织者，四是一般教师的帮助者。

4. 重视信息技术与教学科研深度融合

21世纪是我国教育信息化的起步阶段，国家要求在基础教育领域实施信息技术与课程整合，目的是从学校教育的微观层面，用信息技术支持教学，探索和创新课程教学方式，提高课堂教学质量，有效促进教学变革与发展。而信息技术与教学的深度融合，则是我国教育信息化发展到新阶段(即教学信息化从量的积累到质的提升)后提出的新要求。此时的信息技术需要突破原来的工具属性，作为教育系统的一个重要组成要素，与系统内其他各要素实现深度融合，从教育观念、教学环境、教学资源、教学方法、教学策略和教学模式等多方面推动教育的变革与发展。"融合"强调教育系统各要素互不分离、互相渗透、互相作用和一体化的过程，强调有机结合和无缝连接。信息技术与教学的深度融合，虽然对教师提出了更高的要求，但是反过来能够更好地促进教师的专业发展。融合不仅要求教师具备厚实的学科专业知识，还要求教师掌握先进的学科教学方法和手段，以及扎实的信息化教学理论与信息技术能力。

教学研究是校本教研的一项重要内容，也是促进教师专业成长的重要途径，还是学校开展信息技术与课程整合的重要组成部分和核心环节。教师开展课题研究，不仅有利于提升其理论水平和科研素养，还有利于培养其教学反思能力，促进教师专业发展。可见，教师参与教学研究具有十分重要的意义。在教育信息化发展的新阶段，为了更好地培养教师的教学研究能力，需要实现信息技术与教学研究的深度融合。信息技术不仅可以拓展教师课题研究的时间和空间，也可以丰富教师收集和处理信息的手段与方法，还可以促进教师与同行合作开展网络教研。另外，信息技术还可以为学生提供基于课题探究的全新学习方式，培养其创新能力和合作能力。

5. 健全信息化教育促进学生全面发展

(1) 重视信息技术课程的开设。普及信息技术教育，是国家为应对21世纪信息社会发展对人才的要求，培养具有创新精神和实践能力的高素质人才和劳动者，以信息化带动教育现代化的战略选择。培养学生对信息技术的兴趣和意识，让学生了解和掌握信息技术基本知识和技能，了解信息技术的发展及其应用对人类日常生活和科学技术的深刻影响。合理安排信息技术课，对培养学生的信息素养和信息技术能力具有基础性、全局性和关键性作用。同时，学生信息技术能力和水平的提升，有助于学生利用信息技术学习其他学科课程。

(2) 培养网络环境下学生的自主学习、合作学习和探究学习能力。信息时代的学习与以多媒体和网络技术为核心的信息技术发展密切相关。基于网络环境下的自主学习、合作学习、探究学习是新课程大力倡导的培养创新精神和实践能力的最有效学习方式。就地区而言，中小学宽带接入与网络条件下的教学环境建设才刚刚起步，实施网络环境下的自主学习、合作学习和探究学习还有很长的路要走。因此，在中小学教育信息化硬件环境建设到位的前提下，首先要培养教师的信息素养和信息技术能力，其次要培养教师操作教育信息化平台、实施教育信息化教学活动的能力，再次要培养教师掌握网络环境下的教学方法和教学策略。同时，在教师教育信息化能力达标的基础上，逐步推进和实施网络环境下的学科教学活动。通过教学实践，不断提升学生的自主学习能力、合作学习能力和探究学习能力。

第二节 教育信息化的层次

一、教育信息化的哲学层次

思辨哲学研究将人类世界和物质存在的状态分为微观、中观、宏观三个层次，社会学也将考察社会信息系统的视角分为微观、中观和宏观三种。按照这样的划分，教育信息化也应分为三个层次：微观层次、中观层次和宏观层次，分别对应理解教育信息化的三种视域：学校教育观、大教育观和社会系统观。

在微观层次即学校教育领域，教育信息化服务的核心是课堂教学、教育管理、教师成长、学生发展，主要表现改善教学绩效、提高学生素质、促进教师发展和优化教育管理。这里的学校教育主要指我国现行的制度化的国民教育体系，包括学前教育、基础教育、职业教育、高等教育和特殊教育等各级各类教育，这是教育信息化服务最基本、最为人熟知，也是发展相对成熟的层次，目前对教育信息化的绝大多数实践与思考都集中在这个层次。

在中观层次即大教育视野下，教育信息化服务的核心是社区教育、终身教育、教育公平和教育发展，主要表现为促进家庭教育科学化、社区教育的普及发展、建构成熟完备的终身教育体系和学习型社会、推动教育公平实现及教育改革发展。这体现了教育信息化支持"人人、时时、处处"的泛在学习的职责与使命，也体现了"让每个人具有主动发展的可能与潜力，让每个人成为自身发展的承担者"(而不仅仅是知识传递的承继者)的教育理想，这个理想包涵了教育公平、教育均衡、教育质量等全部诉求，而教育改革的终极目标和归属也正是实现这个理想。无疑，教育信息化能够使这个理想加速变为现实。可以说，教育信息化服务的大教育视野，也就是教育信息化对实现教育理想的不懈追求。

在宏观层次，即社会系统之中，教育信息化服务的核心是社会创新能力、公共服务体系、社会经济发展和文化传承，主要表现为服务于社会创新能力提升、服务于公共服务体系建设、服务于推动经济社会发展、服务于人类文化传承。在社会视野中，教育是最基础、最重要的社会子系统，也是人类社会的更新性再生系统，承载着文化传承与创新、推动社会发展的重要责任，教育信息化在服务教育的同时，也服务于社会发展。从这个角度来看，教育信息化服务本身是社会公共服务体系的基本组成部分，也是完善这个体系的重要动力。信息化环境建设和创新能力发展贯穿于各个层次。

信息化环境建设主要是教育条件的信息化和现代化，包括信息化设施设备、网络带宽、教育资源、应用软件、网站平台等，即物的现代化；创新能力发展主要是指教育信息化服务于培养人们在不同人生阶段的创新能力，包括教师、学生创新，以及终身创新，这是人的现代化。个体创新构成群体创新，最终表现为社会创新能力和国际竞争力。创新是教育信息化的天生优势，服务于社会创新能力发展是其责无旁贷的使命。值得注意的是，教育信息化服务的各个层次之间并没有明显界限，呈现出相互交叉和重合的特点。教育信息化服务的无边界性与教育内部各部分之间以及教育和社会系统之间的关系是一脉相承的，即各级各类教育的无边界性、学校教育与国民终身教育的无边界性、教育系统与社会系统的无边界性。

二、教育信息化的现实层次

从哲学视角对教育信息化的层次进行理论思辨，有助于人们从宏观上总体把握教育信息化。哲学的功能是规范人们的世界观和价值观，以及影响和改造人们的方法论，引导人们正确认识事物的本质和规律。也就是说，哲学指导实践，但不等同于实践。为了便于考察教育信息化发展的现实要求，人们还需要从实践的角度来分析教育信息化的发展层次。各国教育信息化的发展历程充分说明，教育信息化必须以国家意志为基本动力。我国的国家意志集中体现在纲要性的重大文件中，显然，在今后一段时期，《国家中长期教育改革和发展规划纲要(2010－2020)》是指导我国教育改革和发展的纲领性文件，也是教育信息化的实践框架，以下简称《规划纲要》。因此，分析教育信息化发展的现实要求，就是以《规划纲要》为视角审视教育信息化。"规划纲要视角"，即紧扣《规划纲要》分析其对教育信息化的要求。

《规划纲要》第一章《指导思想和工作方针》明确了"优先发展，育人为本，改革创新，促进公平，提高质量"的工作方针，这是对教育各领域和各级各类教育的总要求。将这个总要求具体到教育信息化，关键词可以提炼为"发展，人，创新，公平，质量"，进一步拓展这几个关键词，就是教育信息化的发展要促进技术与人的融合、构建教育信息化生态、带动全社会创新能力提升、促进教育均衡发展、实现教育公平、提高教育质量。毫无疑问，这是《规划纲要》对教育信息化最宏观的视角—教育视角。此外，可以清晰地看到，在《规划纲要》对各类教育制定的发展目标中，都贯穿着信息化的要求。

《规划纲要》第十九章《加快教育信息化进程》的具体要求共有三节，分别是：加快教育信息基础设施建设。信息技术对教育发展具有革命性影响，必须予以高度重视。把教育信息化纳入国家信息化发展整体战略，超前部署教育信息网络。到2020年，基本建成覆盖城乡各级各类学校的教育信息化体系，促进教育内容、教学手段和方法现代化。充分利用优质资源和先进技术，创新运行机制和管理模式，整合现有资源，构建先进、高效、实用的数字化教育基础设施。加快终端设施普及，推进数字化校园建设，实现多种方式接入计算机技术。重点加强农村学校信息基础建设，缩小城乡数字化差距。加快中国教育和科研计算机网、中国教育卫星宽带传输网升级换代。制定教育信息化基本标准，促进信息系统互联互通。

三、基于层次模型的教育信息化建设方法

成立全校教育信息化领导小组，落实各层的建设与责任主体，统管全校基础数据标准。第一层的建设主体是学校网络管理机构，第二层建设主体是学校信息化管理技术支持机构，第三层、第四层建设主体是各业务的行政主管单位。其中第二层在整个信息化建设中起核心作用，其技术标准直接由信息化领导小组管理，以确保信息化建设在正确方向指引下顺利、高效、低成本地实施。各层建设过程如下：

（一）建设面向全校的快速、安全的校园网络

需建设面向全校的快速、安全的校园网络，如为多校区，则需建设多校区的

光纤网络、财务管理内部虚拟专网、教务管理内部虚拟专网。建设学校服务器托管中心，解决保证服务器 24 小时连续运行所带来的环境、供电、防雷、消防、安防、带宽和网络安全等问题，并提供 24 小时运行监控、维护保养等技术支持，从而节约人力、物力和财力。建设开放式信息服务平台，解决学生使用信息化管理系统的瓶颈问题。

（二）建设信息中心

以数据库建设为基础，面向全校设计数据库结构，建设包含学生、教师等信息的基础数据中心，以及提取、整理和提供数据的数据缓冲与交换中心。各子系统均以基础数据中心为标准，通过数据缓冲与交换中心相互交换数据，搭建全校统一的用户身份认证平台，从而对现有系统和新购置的系统进行有效的、深度的整合，实现数据共享。

（三）建立业务管理系统

建设目标为校园网内建设网络综合教学平台、教务管理、行政办公、学生管理、招生就业、图书服务管理、主页信息发布、一卡通、邮件服务、资产管理与后勤保障等主要业务管理系统。建设中采用系统分析方法，从信息技术能力视角，对当前业务流程进行分析和描述，寻求业务流程的传递、控制关系，建立新的业务流程框架，再针对新流程进行系统建设，可以引进也可以自主开发。

（四）建立各管理单位

建设主体为各管理单位，各单位依据第三层的业务流程，对业务管理模式按新的框架进行改进或重新组织实施，通过机构重整与人员再分工，从而实现组织再造，为信息化建设提供组织保障。教育信息化建设的最终目标是为教学管理提供高效的工作流程，而不是单纯的设计管理信息系统，管理信息系统仅仅是教育信息化建设目标的一部分。基于层次模型进行教育信息化建设，通过实施—改进—再实施—再改进的过程，教育信息化建设也是不会终止的，只有不断建设，才能被接受并应用于实际管理工作。

第三节　教育信息化的发展与现状

一、西方发达国家的教育信息化发展

西方发达国家的教育信息化进展可以划分为两个阶段：

(1) 阶段 1：从 90 年代后期开始到 2003 年前后(这是教育信息化的"课外教学应用"子阶段)。其主要特征是教育信息化建设的重点逐渐由教育信息化的硬、

软件基础设施建设，转向各类教育资源、各学科的教学资源(包括各种网络课程和相关的学习资料)以及教学资源管理平台和教育信息化支撑平台的开发；在继续关注教育、教学部门的行政管理与教学管理应用的同时，教育信息化应用的重点开始形成——逐渐由全面的应用转向强调教育、教学过程中的应用。经过第一阶段的实践人们认识到，只有在能够真正促进教育、教学质量提升的情况下，教育信息化才有可能健康、持续、深入地向前发展，教育信息化应用的重点虽然已由全面的应用转向教育、教学过程中的应用，但主要还是关注课前及课后的应用(统称课外教学应用)，其具体表现就是，在这个阶段 Web Quest 和 JITT 这类信息技术整合于教学的"课外整合模式"，日渐流行，最后甚至被公认为最佳的"信息技术与课程整合"模式而风靡全球由美国"Teaching&Learning"杂志评选出的全美十佳"教育技术应用项目"中，无一例外都是基于 Web Quest 的课外整合模式；另外，在由国际教育技术协会(ISTE)于 2000 年为美国修订的"国家教育技术标准(第三版)"中，为有效培训中小学教师的信息技术与课程整合能力而推荐的 6 个优秀教学案例中有 5 个都属于 Web Quest 模式。由此可以看出，就教育信息化在教学过程中的应用而言，这个阶段确实具有强调"课外教学应用"的鲜明特征。

(2) 阶段 2：从 2003 年前后开始到现在(这是教育信息化的"课内教学应用"子阶段)。其主要特征是"信息技术与课程整合"的模式从原来全球单一推崇 Web Quest 和 JITT 这类课外整合模式，逐渐过渡到有越来越多的教师与学者关注各种行之有效的课内整合模式。这一阶段之所以强调应从 2003 年前后开始，是因为在这一年秋天美国国家科学基金会启动了一项对于教育信息化具有标志性意义的重要项目"运用技术加强理科学习(Technology Enhanced Learning in Science，简称TELS)"。该项目的目标是要通过理科课程设计、教师专业培训、评估和信息技术支持等四个环节的研究与实践，来促进信息技术与理科教学的有效整合，从而显著提高学生的理科学习成绩，最终达到"运用技术加强理科学习"的目的。为实现该项目的上述目标，美国国家科学基金会还为此建立了专门的研究中心，并吸纳了 28 所学校的 14 000 多名中学生和 200 多名中学教师参与试验研究。应当特别指出的是，TELS 项目十分重视课程的建设。为满足中学理科教学的需要，实现信息技术与理科教学的整合，TELS 项目为初中的理科教学选择了三个主题：地球科学、生命科学、物理科学；为高中的理科教学也选择了三个主题：生物学、化学、物理学。在此基础上，TELS 项目形成了有信息技术环境支持的 18 个中学理科主题课程模块(初中和高中各有 9 个主题模块)——TELS 项目的课程模块之所以设计成若干个主题，其目的就是要把类似 Web Quest 的、基于网络的探究性学习引入课堂教学。美国国家科学基金会之所以要这么做，是因为他们认识到：Web Quest 这种课外整合模式，鼓励学生围绕自然界或社会生活中的实际问题进行自主学习，自主探究，对于学生的创新精神与创新能力培养非常有利；但由于 Web Quest 强调的是解决实际问题，而实际问题都具有综合性和跨学科性质，且主要是课外活动，所以需要花费较多的时间；加上是针对某个具体实际问题，因而对于中小学各学科基础知识的系统学习与掌握，往往不如传统课堂教学。这样，随着 Web Quest 的流行不仅不能保证提高学科的课堂教学质量，甚至还可能削弱。不过，如果能够在坚持课堂教学的前提下(即采用课内整合模式的前提下)，适当吸纳 Web Quest 学习方式的优点(例如围绕若干主题来进行课堂教学)，从而使学科基础知识的学习与创新精神、创新能力的培养二者有机结合起来，将有可能达到显著提升课堂教学质量与学生能力素质的目标。与此同时，也可以把课内整合模式提升到一个更高的层次。TELS 项目的课程模块、教师培训以及相关的技术支撑环境，正是依据这样的思想来设计并实施的。经过该项目试验研究的实际测试与评估结果证实，在理解复杂科学概念方面，参与 TELS 项目的所有学生确实都有较大的收获。以上事实表明，TELS 项目的实施是美国(乃至整个西方国家)从只关注课外整合模式开始转向重视课内整合模式的一个明显标志，也是教育信息化从"课外教学应用"阶段发展到"课内教学应用"阶段的一个明显标志。

二、我国的教育信息化发展

(一) 教育信息化 2.0 时代

在"教育大数据应用技术国家工程实验室"工作开展过程中把办好网络教育写入党的十九大报告，意味着我国教育信息化开始了一个新时代，即我国教育信息将进入 2.0 时代。教育信息化 2.0 的提出，既是对前期教育信息化工作成果和意义的肯定，也饱含着对未来机遇和前景的希冀，同时，预示着一个融合创新、智能引领新时代的开篇。

2.0 教育是积极响应信息化发展的领域之一，然而，信息技术对教育领域的影响远远小于交通、金融、通信以及医疗等领域。根本原因在于，在教育以外的服务领域，信息技术带来的便利性能够产生直接价值，而教育是一个复杂系统，是以促进人的发展为根本目标，因而便利性并非教育的核心价值，更不是教育核心价值发挥的动力因素。也正是因为教育系统的复杂性，教育作用对象—人的特殊性，信息技术促变教育具有"慢性"特征，需要长时间的缓慢释放，并经历"人才培养"这一中介逐渐在社会发展中得到体现。因此，教育信息化工作远不是短期的、单维的以及线性的闪电战，而是长期的、综合的以及连续的持久战。过去十余年，我国教育信息化超预期发展，教学应用模式、多方参与机制、实践应用成效等方面取得了显著成果，采纳联合国教科文组织在 2005 年提出的教师教法-技术整合能力发展四阶段说(起步、应用、融合、创新)，在国内被演绎为教育信息化发展四阶段,我国目前正处于从"应用"向"融合""创新"转变。此外,当我们审视当前的社会和教育环境,在世界各国将教育发展定位为基于"服务于人的发展"的今天,"个性、灵活、优质、创新、公平、均衡"成了新一轮教育改革的旨归之时,教育目标的实现已经难以从传统形态的教育中获得更多的滋养,有赖于新兴技术支持着教育领域不懈地探索,创新性地将技术应用到教育中,支持实景的、复杂的、面向个性的学习样态,继而让技术真正浸润课堂以及学生。也正因如此,来自教育界之外的社会力量在教育领域所做的种种尝试,如硅谷精英共同投资的 Altschool、可汗学院 LabSchool 等得到了社会各界的高度关注。

(二) 教育信息化 2.0 的核心意义

1. 重申了教育信息化持续发展的重要意义

教育系统的复杂性以及信息技术作用于教育的缓慢性特征决定了教育信息化发展不可能一蹴而就,必须坚持长期发展的工作方针。在教育信息化的实践中还存在着一定程度的重视不够、应用不深入、创新实践不强等问题,信息技术真正融入教育教学过程中支持学生学习、个性发展与思维培养方面的作用还非常有限,原因当然是多方面的,但其中很重要的一个因素是技术应用思路、技术应用方法以及支持技术应用的系统等方面对"深度融合"的理解和运用方面还存在着阻滞,需要持续地加强。与此同时,相关技术发展对教育带来了极大的冲击,对人才的定义以及对人才的需求迫切需要在教育模式、人才培养模式上以及教育治理模式上的改革和创新。

2. 教育信息化是教育系统性变革的内生变量

《国家中长期教育发展规划纲要(2010－2020 年)》中提及"信息技术对教育发展具有革命性影响",这个论断是对传统理念上将信息化作为补充、作为助攻的一种颠覆性定位,肯定了信息化在教育发展中的重要作用和显著意义。《行动计划》中强调要将教育信息化作为教育系统性变革的内生变量这一表述方式与"革命性影响"的论断同文共轨。我们都知道在经济模型中,内生变量是指该模型所要决定的变量,是事物发展的规律所决定的。从外部因素到内生变量的转折,指出了教育是支撑引领教育现代化发展、推动教育理念更新、模式变革、体系重构的内蓄力量。

3. 教育信息化发展需要系统协作

《行动计划》中提出了系统推进的基本原则,要"统筹各级各类教育的育人目标和信息化发展需求……实现教学与管理、技能与素养、小资源与大资源等协调发展"。教育信息化发展过程,同时也是多种因素相互影响和作用的过程。《行动计划》中提出的八大实施行动以及保障措施围绕着基础设施、数字资源、虚拟

第二章 教育信息化与网络教育的相关探究

空间、师资队伍、学生素质、教育治理、管理机制等系统要素开出了组合拳,以系统行动与高效协作推动教育信息化的发展。

(三) 教育信息化 2.0 行动的领航理念

尽管人工智能技术是新一轮教育信息化浪潮的重要推动力,但是从教育信息化发展进程以及教育改革的本质规律来看,技术显然并不具有自发产生改革的能量,所以一贯秉持"技术促变教育而非引领教育"的观点。一轮轮技术引发教育创新应用的经历及成果告诉我们,能够撼动整个教育全局、教育生态,并催发"根本性变革"的因素必然是新理念和新模式,即多年来一直倡导的智慧教育。《行动计划》提出要以智能技术为手段、以融合创新为目标、以智慧教育为先导理念,因而提出教育信息化 2.0 行动需要智慧教育领航。

1. 智慧教育领航教育信息化 2.0

《行动计划》首次在我国官方文件中出现了智慧教育的概念,并将之作为创新发展的领域。与智慧教育同时提及的,还有智能教育的概念,但智能不等于智慧,只有兼具家国情怀、人文关怀的善行才是智慧。智慧教育是教育信息化的高端形态,已经成为信息化研究的引领方向。智慧教育的真谛就是通过构建技术融合的生态化学习环境,通过培植人机协同的数据智慧、教学智慧与文化智慧,本着"精准、个性、优化、协同、思维、创造"的原则,让教师能够施展高成效的教学方法,让学习者能够获得适宜的个性化学习服务和美好的发展体验,使其由不能变为可能,由小能变为大能,从而培养具有良好的人格品性、较强的行动能力、较好的思维品质、较深的创造潜能的人才。

从实践来看,以技术、工具作为突破口创新与变革教育教学似乎更具操作性,也常常是我们直观能及的实践路线。但是,智能教育不会自然而然地达到教育核心理念、观念的境界,用中国道家文化"道、法、术、器"思维框架来理解智慧教育与智能教育,我们能发现这样一种区别:智能教育强调从信息化工具(器)入手,基于信息化应用的行为与技巧(术)推动实现一种理想的教育信息化形态;智慧教育强调从教育规律(道)出发,以教育或教学的规则、制度(法)为依据,将理念、规则、方法与工具融为一体,继而达成教育信息化支持教育改革与创新的发展目标。

智能教育和智慧教育两个概念在《行动计划》中均有所着墨,不仅强调人工智能等技术工具作为基础设备与基本条件的重要意义和条件契机,同时强调基于教育教学规律和学生主体进行创新性探索,旨在实现一种"全新教育生态""促进人的全面发展"。但是,从通常意义上来看,能够起到创新或变革作用的工具,一定是融合了先进理念和思想的工具,社会变革和人类进步基本上都是在新的理念推动下出现的,没有理念的变化就没有制度和政策的改变,单纯的信息技术促变教育之困难，可以用乔布斯"迷思"来进一步说明。乔布斯在接受美国《连线》杂志采访时表达了自己的观点，他说："我曾经想技术可以帮到教育，所以率先给学校捐赠电脑设备，数量之多，世上无人可及。但事与愿违，让我最终得出，教育问题不是用技术可以解决的，再多技术也于事无补；教育问题是个社会政治问题。"

在工具不变的情况下，教育理念方法变化将产生不同的教育成效(甚至斯坦福提出的开环大学与技术几乎没有直接关系)，因而离开教育理念方法(道与法层面即智慧层面)的革新，只谈技术工具(术与器层面)的教育促变作用，几乎是没有意义的。正如《行动计划》提出，"以智能技术为手段、以融合创新为目标、以智慧教育为先导理念"。教育信息化2.0，必然需要以智慧教育的先进理念作为航标。

2. 智慧教育的价值基线：精准教学、精细角色、精致文化

虽然关于"智慧教育"(Education for Wisdom)的理论探索早已有之，但技术推动的智慧教育肇始于2008年IBM公司策划的"智慧星球"(Smart Planet)行动计划，从智慧城市(Smart City)演化出许多行业智能化产业行为，也波及教育领域。问题是Smart Education的译为"智慧教育"实在勉强，因为Smart的原意是聪明、机智或者精明，"精明而不高明"也，达不到智慧的高度，所以笔者崇尚钱学森的大成智慧(Wisdom in Cyberspace)理念，将其作为技术赋能智慧教育的思想源泉。为了便于国际沟通，笔者偏爱的智慧教育英译是Smarter Education，意指智慧教育是个远大的美好目标，无论你用什么技术来支持智慧教育，只有较好，没有最好，所以我们提出一个口号"智慧教育永远只有进行时，没有完成时"。为此，用精准教学、精细角色、精致文化三个词来概括现阶段智慧教育的内涵和特点，因为作为任何一种教育形态，教学、教师以及浸润学生的环境文化都是至关重要的要素。同时，笔者必须强调，用"价值基线"旨在说明"三精"，仅是智慧教育的基本要求和初级水平，我们在智慧教育的追求道路中，应该有更高的价值目标，从学会学习、学会思维向学会创造，以及具备良好品行的目标努力。

精准教学以个性化和适应性的教育服务为给养的智慧教育是教育信息化发展的新旨归，而智能环境能为实现个性化和适应性教育奠定技术环境。信息技术支持的精准教学(Precision Instruction)可视之为阐释上述目标并在教育教学一线启动创新实践的基础，因委员会的报告《为了生活与工作的学习：发展21世纪可迁移的知识与技能》，深度学习为一种能够使学生将某一情景中所学应用到学习新情景中的学习过程(即迁移)。

为促进深度学习发生，信息技术应用需从以下五个方向努力：第一，必须以学生为中心，在设计与决策时，以学生为原点，全方位考虑到学生学习需求与学习习惯等；第二，应以促进深度思维为重点，以深度思维能力培养为主轴，实现沟通能力、协作与领导、技术素养、学习能力、想象与创造、问题解决等能力培养的连续与贯通；第三，应关注智慧学习环境的建设，通过联通、感知、适配、记录等属性构建，可以支持开展深度学习的学习环境；第四，应强调数据的应用，通过数据的记录、挖掘以及分析，高效促进学生学习，并为师生提供决策服务；第五，要重视教师深度学习能力的培养，帮助教师突破常规角色，成为智慧教师。

第四节　网络教育的特点分析

一、适合社会人员学习需要

校内教育集中于校园进行，其受教育对象主要是具有大致相同年龄和知识程度的学生。它的教育目标是以学生掌握基本知识和综合素质的培养为主。网络教育则主要适合已经就业的在职人员的继续教育，即满足职业成人对边工作边学习的需求，在教学内容和形式上，更加注重教学内容的实用性和教学方式的灵活性。

网络教育最为适合业余、分散的学习需要。一方面，互联网技术体系可以较好实现校外教学的完整过程；其次，任何人，只要具备上网条件即可以在任何时间、任何地点任意接入互联网，并可以自主地选择学习内容。总之，教与学的过程也不一定必须是同时进行的。所以，网络教育最大限度地突破了教育的时空限制，最有利于工学矛盾的解决。

二、以学习为中心

校内教育的课堂教学活动以教师为中心。首先，教师不能完全照顾到课堂中基础和兴趣不尽相同的每个学生，学生只是被动听教师的讲授，因此学生学习的主动性、自主性较低；其次，由于局限于校园和课堂，优秀教师及教育资源的施教面受到限制，不能实现最大化利用和资源共享。

而网络教育，一方面，学生能够做到根据自己的需要自主安排学习计划，自主决定学习时间、地点和选择学习内容。在网络教育模式中，学生学习的自主性、个性化和能动性得到了充分的发挥。

同时，教育资源也得到了充分利用和共享，通过远程传输，同样教育资源的施教能力在空间和时间上被放大了，在不同的时间、有更多的处于不同地域、地点的学生可以学习同一教师所讲授的课程，从而满足了更多求学者的受教育需求。

三、网络课程形式多样

计算机多媒体信息处理技术的综合运用，使网络课程表现教学内容的形式更加丰富多彩、生动形象，这些表现形式包括文字、声音、图表、影像、动画等。网络课程的突出特点是多媒体和交互性。一方面，教学内容的表现不再只是枯燥的文字和图表，而是配合有精彩动画、影像和声音；其次，学生在学习过程中，不再只是被动的看和听，还可以参与实际的模拟操作，与教学内容进行交互。总之，将多媒体信息表现和处理技术运用于课程讲解和知识学习各个环节，使网络教学具有信息容量大、资料更新快和多项演示、模拟生动、有益理解等显著特征。

四、双向互动、全交互

计算机网络的重大意义不仅在于可以实现教学信息和内容的远程传输和资源共享，更重要的是，网络可以在任何时间、地点，使教师与学生、学生与学生间进行全方位的双向互动交互。这种交互可以是实时的，也可以是非实时的。计算机网络使真正的教师与学生、学生与学生之间双向互动、实时全交互成为现实。

五、个性化教学指导

网络教育运用计算机网络特有的信息数据库管理技术和双向交互功能，为个性化教学提供了有效的实现途径与条件。一方面，系统可对学生的个性资料、学习过程和阶段情况实现完整的跟踪记录、储存；另一方面，教学和学习服务系统则可基于系统记录的个人资料，进行针对不同学生的个别或个性化学习建议等。

六、实现远程教育的自动管理

计算机网络具有强大的数据库信息自动处理功能，这一功能可以被有效地运用于远程教育的教学管理中。网络教育中，远程学生的咨询、报名、交费、选课、查询、学籍学历管理、作业与考试管理等都可通过网络交互通信的方式完成并实施自动管理，使网络教育成为最为完整、高效的现代远程教育方式。

第五节 网络教育的理念探究

一、关于网络教育内涵的界定

关于"网络教育"这一术语，国内有不少专家对这一概念进行了探讨，并对"网络教育"的含义从不同角度开展了较深入的论述(例如关于网络教育的指导思想、主要任务、基本特征、具体措施等问题的论述)，有些论述还相当深刻；但是令人遗憾的是，这些探讨或论述往往都停留在对这一术语的部分含义或某些特征

第二章 教育信息化与网络教育的相关探究

进行描述或论证的阶段,尚未达到对"网络教育"这一术语给出确切定义的水平,换句话说,就是对这一概念的基本内涵还不能够准确地把握。另外,在这些探讨或论证中还往往出现以下两种概念上的混淆:

(1)"网络教育"与"现代教育技术应用"的混淆——这二者无疑是有密切关系的,但是并不能等同;

(2)"网络教育"与"信息技术教育应用"的混淆——这二者之间的关系应该说比"网络教育"和"现代教育技术应用"更为密切,前者的内涵可以包括后者(即"网络教育"的内涵可以包括"信息技术教育应用"),但是后者的内涵却难以完全包括前者。

由此可见,目前关于"网络教育"这一术语的使用仍处于比较混乱的状态,因此很有必要加以澄清,以正视听。于是中国学者结合我国的国情和网络教育发展的实际状况,对网络教育的定义及内涵,做了认真的研究与探索。

按照现代汉语词典的解释,"化字可作为后缀加在名词或形容词之后构成动词,表示转变成某种性质或状态。"对这一解释,开始时人们基本认同;但后来联系实际状况进行分析就发现,这种解释尽管出自权威的现代汉语研究机构,却存在一定的片面性,必须加以扩展和补充。"化"字作为后缀加在名词或形容词之后确实可以形成一个动词,但这个动词的涵义并非如现代汉语词典的解释那样,只有一种涵义——"表示转变成某种性质或状态",而是有两种不同的情况:

(1)"化"字加在形容词之后成为一个新动词,该动词一般是及物动词,其涵义是使它的作用对象(直接宾语)具有相关形容词所表征的性质或状态——如绿化(祖国)、美化(某种事物)、丑化、强化、弱化、深化、淡化等。

(2)"化"字加在名词之后也成为一个新动词,该动词一般是非及物动词,其涵义是使原来名词所表征的内涵、作用与功能扩大,使之能在更大的范围、更广阔的领域或更多的部门得到体现——如工业化、机械化、网络化、智能化、信息化等。

可见,"信息化"是属于第二种情况而非第一种情况。其涵义是使"信息"这一名词所表征的内涵、作用与功能扩大,使之能在更大的范围、更广阔的领域或更多的部门得到体现。由于"信息技术"是关于"信息"如何获取、分析、存储、变换、加工、传输与利用的技术,也就是使"信息"所表征的内涵、作用与功能充分体现并进一步扩展,所以"信息化"在很多情况下也被看作是"信息技术化"——其涵义是使"信息技术"这一名词所表征的内涵、作用与功能扩大,也就是使信息技术能在更大的范围、更广阔的领域或更多的部门得到应用与推广。这样,人们就可以把"教育"+"信息化"所组成的复合名词"网络教育"的涵义顺理成章地理解为:"信息与信息技术在教育、教学领域和教育、教学部门的普遍应用与推广"——这正是"网络教育"这一术语的比较全面而准确的基本内涵。

对于网络教育的这一内涵,应当特别关注以下三个要点:

(1) 网络教育是包括信息与信息技术这两个方面在教育、教学中的应用与推广,而非仅仅指信息技术这一个方面在教育、教学中的应用与推广。

(2) 网络教育在教育、教学中的应用与推广涉及教育、教学领域和教育、教学部门这两大范畴(前者侧重教育、教学中的应用,后者侧重行政管理或教学管理中的应用),而非仅仅涉及教育、教学领域或教育、教学部门这一个范畴。

(3) 教学活动是具有一定时空限制、一定组织形式并有教师参与的特定教育活动,教学是最重要也是最普遍的一种教育形式(教学活动的时间限制体现在课时安排,空间限制体现在教室授课,组织形式体现为小学、中学、大学、职业学校或短期培训等多种不同形式)。网络教育在强调应将信息与信息技术在整个教育领域和教育部门中应用与推广的同时,必须把重点放在教学领域(其中又包括教学过程、教学资源、教学评价等几个方面)的应用与推广。不抓住这个重点,网络教育就会本末倒置,就会迷失方向,就不会取得显著成效。

只有深刻认识网络教育的上述基本内涵并特别关注这三个要点,才能牢牢把握住网络教育的主攻方向、关键措施及发展趋势;否则,将会盲人骑瞎马,白白浪费在网络教育领域投入的巨额资金,最后一事无成。

二、关于网络教育基本理论的探索

(一) 网络教育与课程整合理论

如何运用网络教学环境来促进教育深化改革、大幅提升各学科的教学质量与学生的综合素质,不仅是中国健康、深入、持续发展的关键,也是当今世界各国健康、深入、持续发展的关键。各学科教学质量与学生综合素质的提升主要通过课堂教学来实现,必须把网络教育与各学科教学的整合真正落到实处才有可能。这就表明,网络教育能否与各学科教学有效整合是能否健康、深入并持续发展的关键所在,而网络教育要能够与课程实现有效整合,又有赖于科学的"网络教育与课程整合理论"的正确指导。可见,网络教育与课程整合理论在发展进程中具有非常重要的意义与作用,正是由于这个缘故,一般都把"网络教育与课程整合理论"看成是基本理论的最核心内容。

1. 西方国家的主要"整合理论"

目前国际上进行网络教育与课程整合研究的众多论著中,有三部较重要的文献能从上述三方面对网络教育与课程整合问题作出较系统、全面的论述。这三部文献之一是《美国教育技术 CEO 论坛的第 3 个年度(2000 年)报告》,另一部是"罗布耶(Roblyer,M.D)于 2003 年出版的专著 *Integrating Educational Technology into*

第二章 教育信息化与网络教育的相关探究

Teaching",还有一部则是国际教育技术协会(简称 ISTE)于 2000 年为美国修订的《国家教育技术标准(第三版)》。这三部文献不仅理论体系较完整、论述较深入,而且就其撰写人的研究水准与资历来看,在美国乃至国际上都具有一定的代表性与权威性(罗布耶的专著已于2005年被我国教育部高教司作为优秀原版教材引进,让高校有关专业直接采用)。

(1) 美国教育技术 CEO 论坛的第 3 个年度(2000 年)报告指出:"数字化学习的关键是将数字化内容整合的范围日益增加,直至整合于全课程,并应用于课堂教学。当具有明确教育目标且训练有素的教师把具有动态性质的数字内容运用于教学的时候,它将提高学生探索与研究的水平,从而有可能达到数字化学习的目标……为了创造生动的数字化学习环境,培养 21 世纪的能力素质,学校必须将数字化内容与各学科课程相整合。"

"将数字化内容与学科课程相整合"就是人们通常所说的"网络教育与学科教学相整合"。这是迄今为止国际上关于"网络教育与学科教学相整合"最为系统而权威的论述。它阐明了整合的目标——培养具有 21 世纪能力素质的创新人才,也揭示了整合的内涵——创造生动的数字化学习环境。能从培养具有 21 世纪能力素质的创新人才的高度来认识网络教育与课程整合的目标及意义(而不是像传统观念那样,把网络教育应用的意义局限于改进教与学过程的某个环节或者只是为了提高信息素养)。这种观点是很有见地的,表明作者对整合的目标具有科学而客观的认识;能从创建数字化学习环境的角度(即能从环境论的角度)来界定整合的内涵(而不是像传统 CAI 或 CAL 学者那样从工具论的角度,只是把计算机为核心的网络教育看作是辅助教或辅助学的一种工具、手段),这种看法也非常正确,并且难能可贵。

著名的计算机教育应用学者罗伯特·泰勒曾把计算机应用于教育的基本形式概括为三种:Tutor(计算机作为辅导教师)、Tutee(计算机作为学习者)和 Tool(计算机作为工具),简称 3T 模式。由于在 20 世纪 80 年代初,计算机程序设计语言曾被推崇为人类的第二语言和第二文化(不少学者主张把计算机程序设计语言作为中小学的必修课),所以计算机作为程序设计语言学习者的 Tutee 模式在当时占据了主导地位。但随着计算机教育应用的深入,过分夸大程序设计语言作用的观点很快被否定,计算机教育应用的主要模式也就随之转向 Tutor 和 Tool 模式。到了 20 世纪 90 年代,随着多媒体计算机和网络通信技术的普及,传统的计算机教育逐渐被含义更广的网络教育所取代。与此同时,建构主义开始广泛流行,强调通过自主学习、自主探究达到意义建构的思想日益深入人心,加上网络教学环境具有很强的交互性(便于人机交互、师生交互、生生交互),并有丰富的信息资源可以共享,所以到 90 年代以后,网络教育应用于教育的基本形式,在国际上普遍是采用 Tutor 和 Tool(尤其是 Tool)——特别强调要把以多媒体和网络为标志的网络教育作为学习者自主学习、自主探究的认知工具。换句话说，20 世纪 90 年代以后，网络教育与学科教学相整合的基本形式，或者说整合的主要内涵，国际上的绝大多数学者都是从"工具论"去论述，而不是从"环境论"(即从创设数字化学习环境或数字化教学环境的角度)去论述。但美国教育技术 CEO 论坛的第 3 个年度报告，却能够在国际上首次从营造或创建数字化学习环境的角度去界定整合的内涵(而不是像传统观念那样，只是从工具利用的角度去认识其内涵)，确实非常难能可贵。由于"环境"这一概念含义较广(凡是主体以外的一切人力因素与非人力因素都属于环境的范畴)，所以 CEO 论坛第 3 年度报告所定义的上述整合内涵，就网络教育在教育领域的应用而言，和把多媒计算机和网络通信为核心的网络教育仅仅看成工具的传统观念相比，显然要更深、更广，其实际意义也要重大得多。

不过，CEO 论坛第 3 年度报告关于整合内涵的论述还显得比较笼统、尚未展开。尽管如此，该报告还是非常值得人们借鉴(事实上，后面介绍的关于中国学者对网络教育与课程整合内涵的界定，就是在上述年度报告观点的基础上，结合我国的国情和中国学者自己多年的教改实践经验，加以补充、深化与拓展而形成的)。

为了帮助广大教师解决如何有效实施网络教育与学科教学整合的问题，美国教育技术 CEO 论坛的第 3 个年度(2000 年)报告还为此开出了"处方"——提出了进行有效整合的步骤与方法如下：

步骤 1：确定教育目标，并将数字化内容与该目标联系起来；

步骤 2：确定课程整合应当达到的、可以被测量与评价的结果和标准；

步骤 3：依据步骤 2 所确定的标准进行测量与评价，然后按评价结果对整合的方式做出相应的调整，以便更有效地达到目标。

通过上面的介绍可以看出，美国教育技术 CEO 论坛的第 3 个年度报告，对网络教育与课程整合理论所面对的三大问题(整合的目标、整合的内涵、整合的方法)都作出了明确的回答。

(2) 进入 21 世纪以后，西方国家(特别是美国)的学者关于网络教育与课程整合"途径与方法"的认识，应该说和上述 CEO 论坛第 3 年度报告所开出的"处方"相比，有了较大程度的提高。这主要表现在：他们开始重视整合的指导思想(理论基础)、整合中的教学设计和相关软件及工具(即教学资源)的运用与开发问题，而不仅仅停留在上述 CEO 论坛年度报告所开处方的具体操作层面。

例如，在罗布耶(Roblyer, M.D)的专著 Integrating Educational Technology into Teaching(教育技术整合于教学)中，关于如何有效实施网络教育与课程整合，作者就是首先强调各种教与学理论(包括支持教师"讲授为主"的教与学理论和支持学生"自主探究为主"的教与学理论)对网络教育与各学科教学相整合的意义与作用；

第二章 教育信息化与网络教育的相关探究

接着介绍并分析不同教育思想指引下的三种主要整合模式(以教师讲授为主的"主导型模式"、以学生自主探究和自主建构为主的"建构型模式"、以及教师讲授与学生探究相结合的"混合型模式")所使用的原则与策略;最后再给出不同学科运用各种原则与策略实施有效整合的具体案例。由此可见,在罗布耶的专著中,对于网络教育与课程整合"途径与方法"的认识,和 CEO 论坛第 3 年度报告所开出的"处方"相比,确实有了实质性的提高与发展。但令人感到遗憾的是,罗布耶的立论依据却还是基本按照 Tool 模式(即从工具论角度)去描述网络教育与学科教学相整合的过程及作用(在关于整合原理和策略的论述中,罗布耶对各种计算机软件和多媒体技术应用于学科教学虽然不仅谈到 Tool 也谈到了 Tutor,但是从该书的总体论述及其倾向性来看,作者是更为强调 Tool 模式)。

除此以外,罗布耶关于网络教育与课程整合"途径与方法"的研究,尽管取得了实质性的进展,但是也还存在以下三方面的问题:罗布耶专著中专门针对以教师讲授为主的"主导型"整合模式而设计的各种实施原则与策略还有较大的缺陷;罗布耶专著中专门针对以学生自主探究为主的"建构型"整合模式而设计的实施原则与策略尚存在明显的不足(缺乏相关教学设计方法的支持);罗布耶的专著对于最为重要、最为关键的"混合型整合模式"的研究(尤其是混合型整合模式实施原则与策略的研究)还很薄弱,更不深入。

2. 中国特色的"整合理论"

中国的进程正在迅猛发展,对科学"整合"理论的需求迫在眉睫。能够指导实践的理论终归还是来自实践,而人们自身就有关于网络教育与课程整合的最丰富经验。通过对多年实践经验的认真总结,并上升到理性层面进行深刻思考,人们终于形成了一套有中国特色的"网络教育与课程深层次整合理论"。这套理论与西方国家现有的网络教育与课程整合理论存在以下五个方面的区别,或者说在五个方面有所发展与创新。

(1) 对网络教育与课程整合的"定义与内涵"的认识更为深化。"网络教育与课程深层次整合理论"把网络教育与课程整合的定义或内涵表述为:"通过将网络教育有效地融入各学科的教学过程来营造一种信息化教学环境,实现一种既能发挥教师主导作用又能充分体现学生主体地位的以'自主、探究、合作'为特征的教与学方式,从而把学生的主动性、积极性、创造性较充分地发挥出来,使传统的以教师为中心的课堂教学结构发生根本性变革——由教师为中心的教学结构转变为'主导-主体相结合的教学结构。"

由此定义可见,其内涵包括三种基本属性:营造信息化教学环境、实现新型教与学方式、变革传统教学结构。而美国与西方国家对于"网络教育与课程整合"内涵的认识一般只停留在第一种属性(营造信息化教学环境或信息化学习环境)或是第二种属性(实现新型教与学方式),最多也只是同时考虑第一及第二这两种属性,而从来没有西方学者考虑到第三种属性(变革传统教学结构)。正是由于对"网络教育与课程整合"内涵的认识存在这一重大缺陷,导致美国与西方国家在将网络教育整合于学科教学的过程中,难以找到真正有效的整合途径与方法。

(2) 对指导网络教育与课程整合的"先进教育理论"的认识有所拓展。指导网络教育与课程整合的先进教育理论应该包括支持教师讲授为主的教与学理论(简称"以教为主"教与学理论),也包括支持学生自主探究为主的教与学理论(简称"以学为主"教与学理论),在这方面人们与西方学者的看法是一致的;和他们不同的是,人们认为对于网络教育与课程整合来说,除了上述两种理论以外,还有一种同样重要的指导理论就是"教学结构理论"。如上所述,整合内涵的第三种属性是要变革传统教学结构——即要改变"以教师为中心"的教学结构,创建新型的、既能发挥教师主导作用又能充分体现学生认知主体地位的"主导—主体相结合"教学结构。这正是"整合"的实质与落脚点(因为只有这样才能最终达到创新精神与创新能力培养,即创新人才培养的目标),也是网络教育与课程整合的本质特征所在。而为了阐明这一本质特征,使整合的实质与落脚点能够真正贯彻落实,就离不开教学结构理论的支持。

所谓教学结构是指在一定的教育思想、教学理论和学习理论指导下的、在某种环境中展开的教学活动进程的稳定结构形式。众所周知,现代教学系统是由教师、学生、教学媒体和教学内容等四个要素组成的,教学系统的运动变化即表现为教学活动进程(简称"教学过程")。由于教学系统的 4 个要素在教学过程中不是彼此孤立、互不相关地组合在一起,而是通过相互联系、相互作用形成的有机整体,既然是有机整体就必定具有稳定的结构形式。由于这种结构形式是在教学活动进程中表现出来的,所以它必然要受一定的教育思想、教学理论和学习理论的指导,要受一定环境的制约。

"整合"的实质与落脚点既然是变革传统的教学结构,网络教育与课程的整合就一定要紧紧围绕新型教学结构的创建来实施,才有可能达到有效培养创新人才的目标,取得"整合"的实质性成效。事实上,现在有许多被称作典型或示范的"整合课"(包括国外有些网络教育与课程整合专著中所列举的优秀"整合课"),其实有不少是网络教育能力学习课,或者是计算机辅助教学课。尽管其中有些"整合课"对于突破教学中的重点、难点确有一定的帮助,但是对于学生创新精神与创新能力的培养作用不大,因为这类"整合课"完全没有触动到课堂教学结构问题,因而传统的师生关系、师生的地位作用难以改变,学生的主动性、积极性(更不用说创造性)也就无从发挥;所以这样的"整合课"充其量只能说是网络教育与学科教学的一种浅层次整合,而绝非深层次的整合——这也正是人们之所以要强

第二章 教育信息化与网络教育的相关探究

调"深层次整合"的依据所在。

(3) 为衡量网络教育与课程整合的实施效果提出了新的准则。由于教学结构是教学系统四个要素(教师、学生、教学媒体、教学内容)相互联系、相互作用的具体体现,所以如果想要围绕新型教学结构的创建这一实质与落脚点来进行整合,就要求教师在实施网络教育与课程整合的过程中,必须密切关注教学系统四个要素的地位与作用——看看通过自己实施的整合,能否使这四个要素的地位、作用和传统教学结构中的地位、作用相比发生某种改变(其中最重要的是教师与学生地位、作用的改变,以及师生关系的改变)?改变的程度有多大?那些要素改变了?那些还没有?原因在哪里?只有紧紧围绕这些问题进行认真分析,并采取相应的措施,才有可能实现有效的深层次的整合。事实上,这也正是衡量整合效果的主要依据或准则。

(4) 对网络教育与课程整合的教学模式做出了新的划分并进行了新的探索。新型教学结构的形成要通过全新的教学模式来实现。教学模式属于教学方法、教学策略的范畴,但又不等同于一般的教学方法或教学策略。一般的教学方法或教学策略是指教学过程中采用的某一种方法或某一种策略,而教学模式则是指两种或两种以上教学方法或策略的稳定组合。

教学模式的类型是多种多样的、分层次的,而且因学科和教学单元而异。基于网络教育与课程整合的教学模式也不例外。由于"网络教育与课程整合"也就是"网络教育与学科教学整合",而学科教学过程涉及三个阶段:一是与课堂教学环节直接相关的"课内阶段",另外两个是"课前"与"课后"阶段——这二者也可合称为一个"课外阶段",所以从最高层次考虑,基于网络教育与课程整合的教学模式只有两种,即按照所涉及教学阶段来划分的"课内整合模式"与"课外整合模式"两种。

中国学者比较关注"课内整合教学模式",并在这方面取得了显著成果。由于课堂教学涉及不同学科、不同教学策略和不同的技术支撑环境等多种因素,所以实现课内整合的教学模式分类要复杂一些。例如,若按学科划分,有数学、物理、化学、语文、历史、地理等不同学科的课内整合教学模式;若按教学策略划分,有自主探究、协作学习、演示、讲授、讨论、辩论和角色扮演等不同策略的课内整合教学模式;若按技术支撑环境划分,则有基于网络、基于多媒体、基于软件工具、基于仿真实验等不同技术支撑环境的课内整合教学模式。

(二) 网络教育与"教与学"

1. "学教并重"的教与学理论

由于"学教并重"教与学理论是在"以教为主"和"以学为主"两种教与学

理论的基础上，经取长补短整合而成，所以它应包含"学教并重"的学习理论和"学教并重"的教学理论等两个组成部分。

(1)"学教并重"的学习理论。"学教并重"的学习理论应吸纳"以教为主"学习理论和"以学为主"学习理论二者之所长，经过上百所试验校多年教学实践的检验，人们认为，在目前多种学习理论流派中，比较有效且具代表性的"以教为主"学习理论是加涅的"联结—认知"学习理论"；比较有效且具代表性的"以学为主"学习理论则是以维特罗克的"学习生成模型"为代表的建构主义学习理论。因此，比较有效且具代表性的"学教并重"学习理论主要由加涅的理论和维特罗克的理论这两个部分组成(但对维果茨基的"最邻近发展区理论"、皮亚杰的儿童认知发展阶段论、布鲁纳的发现式学习理论和范德比尔特大学的情境认知理论，也应结合当前的学习内容及学习对象给予必要的关注，并努力加以运用)。

(2)"学教并重"的教学理论。"学教并重"的教学理论应吸纳"以教为主"教学理论和"以学为主"教学理论二者之所长，综观目前以美国、德国等国家为代表的教学理论，并经过对大量试验校多年教学实践的检验，人们认为，这些不同流派的教学理论尽管其中的每一种都对这一领域从不同的角度作出了自己的贡献，但是真正能作为主要的理论基础对"以教为主"教学理论给以全面支持的恐怕只有奥苏贝尔的教学理论和加涅的教学理论。这是因为，教学过程既涉及认知因素，也涉及情感因素。因此，若要对"以教为主"教学理论给以全面的理论支持，必须既研究认知因素对教学过程的影响，又要研究情感因素对教学过程的影响。为了能实现对教学过程的优化，真正提高教学的质量与效率，最好还能在认知、情感两个方面研究的基础上提出切实可行且高效教学策略。按照这三个方面(认知因素、情感因素、教学策略)的要求，再来看看上述三大流派的各种教学理论，不难发现，其中有些理论完全没有认知心理学的研究基础(如赫尔巴特和凯洛夫的理论)，有些虽然考虑了认知因素，但对认知学习理论的坚持不够彻底(如加涅的理论)，其他理论或是对情感因素在学习过程中的影响重视不够，或是未能提出一套行之有效的教学策略。只有奥苏贝尔对这三个方面都作出了较为深入的研究并取得重要的成果。涉及认知因素的是他的"有意义接受学习"理论，涉及情感因素的是他的"动机理论"，涉及教学策略的是他的"先行组织者"策略。因此人们认为，以奥苏贝尔的教学理论作为"以教为主"教学理论的主要基础是恰当的；但是人们并不排斥，更不否认其他教学理论也是"以教为主"教学理论的必要基础之一——它们也对"以教为主"教学理论在某些方面提供支持。特别是加涅的"学习条件"理论以及在学习条件理论基础上形成的"九段教学法"和一整套相关的教学设计过程模式等，更从不同角度、不同层面(包括可操作层面)对"以教为主"教学理论的应用与发展提供了有力的支撑，并受到老师们的欢迎。

第二章　教育信息化与网络教育的相关探究

至于"以学为主"的教学理论，从目前的情况看，比较单一，主要就是建构主义的教学理论。这种教学理论主要由"建构主义教学策略"和"建构主义教学设计"两个部分组成。因此，比较有效且具代表性的"学教并重"教学理论应当是由奥苏贝尔和加涅的教学理论和建构主义的教学理论这两个部分组成。

2．网络环境下的教与学理论的拓展

(1) 数字化学习理论。在网络教育与课程整合的试验与探索中，人们通过实践认识到，数字化学习是网络教育与课程整合的核心，并从 20 世纪 90 年代以来一直对此核心问题进行潜心研究，终于形成一套比较完整、有效的数字化学习理论。该理论涵盖数字化学习领域的多方面内容。①数字化学习的定义与内涵。数字化学习是指学习者在数字化的学习环境中，利用数字化学习资源、以数字化方式进行学习的过程。它包含三个基本要素：数字化学习环境、数字化学习资源和数字化学习方式。②数字化学习环境的基本组成。数字化学习环境也就是信息化学习环境(即以多媒体计算机和网络为核心的网络教育所支持的学习环境)，这种学习环境具有信息显示多媒体化、信息传输网络化、信息处理智能化和教学环境虚拟化等特征。它包括设施(如多媒体计算机、网络教室、校园网……)，平台(网上的信息发布平台、互动教学平台、资源管理平台……)，通信(保障远程教学的实施)，工具(支持学习者进行自主建构和解决问题的学习工具)等几个基本组成部分。③数字化学习资源的主要类型与特性。数字化学习资源包括数字视频、数字音频、多媒体课件、学科专题网站、电子邮件、计算机仿真系统、在线讨论区、数据库等多种类型，它具有多媒体、超文本、友好交互、虚拟仿真、远程共享等特性。④数字化学习内容的显著特征与数字化学习方式的鲜明特点。就数字化学习内容(含学习资源)的获取与利用而言，它具有"随意性""实效性""多层次性""可操作性"和"可再生性"等显著特征。就数字化学习方式的过程与结果而言，则具有以下鲜明特点——"学习是个性化的，且能满足个体需要""学习是以问题或主题为中心""学习过程要进行通信交流，学习者之间要进行协商与合作""学习具有创造性与再生性"和"学习是随时随地的、终身的"。⑤实施数字化学习的关键因素。有效实施数字化学习的关键因素，是要让学生学会把网络教育作为获取信息、探究问题、协作交流、解决问题和建构知识的认知工具。⑥对数字化学习模式的探索。在中小学进行多年网络教育与课程整合的教学实践中，总结出了一批比较有效的数字化学习模式。如"基于课堂讲授的情境-探究模式""基于校园网的主题探索-合作学习模式""基于因特网的小组合作-远程协商模式""基于因特网的专题探索-网站开发模式"等。这些模式有些能支持教师更好地教，有些能促进学生更主动地学，因而受到一线教师的欢迎。

(2) 协同学习理论。近些年来，我国的学术团队在"协同学习理论"方面的研究引起了学术界的关注。由于依据传统学习理论设计的学习技术系统(即有网络教育支持的学习系统)难以满足培养 21 世纪新型人才的需求——社会的快速发展要求个体具备多重素养,特别是要具有问题解决能力,这是传统的学习技术系统无法实现的,而要探寻全新的更为有效的学习技术系统,就必须要有全新学习理论的支持。为此,该团队首先对现有学习技术系统的局限性进行了认真的剖析,明确指出其局限性表现在"缺乏学习者与内容的深度互动""缺乏信息聚合机制""缺乏群体思维操作""缺乏分工合作与整合工具""在信息、知识、情感、行动、价值等要素之间缺乏有机联系"等五方面。为了弥补这种种缺陷,经过深入研究,他们开发出了一种面向知识时代、能很好地适应知识与技术发展的新型学习技术系统。这种新型学习技术系统的设计,完全建立在他们所提出的一种全新学习理论——"协同学习理论"的基础之上。

该协同学习理论包括以下内容:①协同学习的概念。协同学习内涵与一般的协作学习或合作学习有本质上的差异:"协作学习"或"合作学习"是指小组学习的各种不同形式,其内涵主要涉及学习过程的策略与方法;而协同学习是指通过对学习技术系统中各个组成要素(包括认知主体和认知客体以及二者交互所形成的学习场)之间的协同关系与整合,以使教学获得协同增效,可见其内涵主要涉及学习系统的结构与功能。因而基于协同学习概念可以形成一种全新的学习框架,以支持技术条件下的教与学活动。②协同学习的多场作用空间。构成学习场的作用域有 5 个,即信息场、知识场、情感场、行动场和价值场。前 4 种场,是传统教学目标分类(即认知、情感和动作技能三类教学目标)的衍生,而价值场则作为一种系统导向和终极追求。5 个场既是学习的目标,又是实现目标的途径。各场域内的要素之间以及各场域之间相互联系、相互作用,表现出自组织与协同等特性。③协同学习的发生机制。协同学习发生机制用一句话概括就是:多场协同、个体与群体的信息加工以及知识建构。信息场与知识场提供了知识创新的空间;情感场为学习行为的发生和维持提供了驱动力来源,并作为知识协同加工过程的动力,去协调整个学习过程;而行动场则提供了行为表现、活动展开和智慧生成的空间,是学习过程的延展和迁移;价值场与集体和个人的价值观、人生观以及道德规范密切相关,是主体对客观事物作出行为反应的基础——表征个体和群体在学习过程中的基本取向与追求。可见,这样的多场协同,可实现信息、知识、情感、行动和价值的有机整合与重组,促进个体与群体以内容为中介的深度互动及信息加工,从而达到较深层次的知识建构。

(3) 移动学习理论与 TEL 五定律。移动学习的内涵应包括以下三个属性:移动学习不仅仅是使用可便携设备的学习,也应强调是发生在一定情境中的学习;移动学习不是一种孤立的学习方式,它应与其他的学习方式混合;移动学习不应

第二章 教育信息化与网络教育的相关探究

该仅仅是向小屏幕输送或呈现内容,也要关注对于学习发生的促进。

基于对上述内涵的理解,把"移动学习"定义为:"移动学习是在非固定的、非预先规划的时间和地点的非正式场所,利用移动设备与虚拟的和物理的世界交互发生的个人的、协作的或者混合方式的任何学习;也包括正规场景,利用移动设备促进个体探究和协作。"

在此基础上,分析了移动学习发生的条件及其基本特征,特别是对决定移动学习成败的关键问题——"移动学习活动设计"进行了深入的研究。通过对 30 多个国际移动学习项目及相关活动的分析,形成了颇有创意的"移动学习活动设计模型"(MLADM 模型),并对该模型中的"需求分析、聚焦学习者、学习场景设计、提供必要的技术环境、约束条件分析和学习支持服务设计"等六个基本环节进行了详尽的分析,而且还运用大量国际知名移动学习项目的实际学习活动案例做进一步的论证与说明。因而具有较强的逻辑说服力和较大的实践指导意义。

TEL 五定律。首先,将"学习情景"定义为"对一个或一系列学习事件或学习活动的综合描述",并指出学习情景包含学习时间、学习地点、学习伙伴、学习活动等四个要素。其中学习活动是学习情景的核心,它包含学习任务、学习方法与评价要求等三个基本组成部分。

其次,按照学习情景组成要素的或缺程度,将典型的学习情景分为课堂听讲、个人自学、研讨性学习、边做边学与基于工作的学习等五大类型。

然后,把"有效学习活动"定义为"学习者在预期的时间内完成学习任务、达到学习目标的过程",并强调:实施有效的学习活动应具备"以真实问题为起点、以学习兴趣(意愿)为动力、以学习活动的体验为外显行为、以分析性思考为内隐行为、以指导和反馈为外部支持"等五个条件。

最后,在上面给出的"有效学习活动"定义及实施条件的基础上,通过进一步论证得出以下结论:要想运用技术促进学习(Technology Enhanced Learning,简称 TEL),并取得实效,必须满足"数字化学习资源、虚拟学习社区、学习管理系统、设计者心理、学习者心理"等五个方面的相关条件——这就是他们提出的、利用技术促进学习需要满足的五定律,也称 TEL 五定律。其具体内容如下:

定律 1(资源):若要学习者主动浏览或"遍历"数字化学习资源,并使其获得优于 F2F(面对面)教学的效果,需要满足内容必需、难度适中、结构合理、媒体适当和导航清晰等五个基本条件。

定律 2(环境):若要学习者在一个虚拟学习环境(VLE)中能像"教室"环境一样地交流,甚至能优于现实环境,需要满足群体归属感、个体成就感和情感认同感等三个基本条件。

定律 3(系统)：若要教师能通过学习管理系统(LMS)对学习过程进行有效管理，需要满足过程耦合、绩效提升、数据可信和习惯养成等四个基本条件。

定律 4(设计)：用户不一定能清晰理解课程资源、学习支撑平台、管理信息系统等的设计意图；不了解用户"心理"的设计通常是失败的。

定律 5(用户)：无论是远程的还是现场的，学习者在遇到学习困难时不一定会去向教师求教；"守株待兔"式的辅导通常是失效的。

实践证明，TEL 五定律对于网络环境下的教学设计人员和学习组织者具有较重要的借鉴及指导意义。

(4) 教学结构理论。自 20 世纪 80 年代以来，我国各级各类学校都进行了大量的教学改革探索，教育工作者为此付出了艰辛的劳动，也取得了不小的成绩。然而，许多学者、专家又往往感到这些改革大多数并未给教育、教学领域带来实质性的变化。究其原因，根源在于这些改革试验往往都只停留在教学内容、教学手段和教学方法的层面，而没有或者很少涉及教学结构的改革。这是因为，教学内容、手段和方法的改革不一定会触动教育思想、教学观念、教学理论和学习理论这类较深层次的问题。不是说教学内容、手段、方法的改革不重要，而是说应该在教学结构变革的前提下来进行教学内容、手段与方法的整体改革，这样才有可能真正触动教育思想、观念、理论这类深层次问题，才有可能取得教学深化改革的重大效果。

教学结构改革之所以能持续发展，这是由教学结构的本质特性所决定的，这也是人们特别强调教学结构改革的根本原因所在。所谓教学结构，是指在某种教育思想、教学理论和学习理论指导下的、在一定环境中展开的教学活动进程的稳定结构形式，是教学系统四个组成要素(教师、学生、教学内容和教学媒体)相互联系、相互作用的具体体现——这就是人们给出的关于教学结构的定义与内涵。简单地说，教学结构将决定教师按照什么样的教育思想、教学观念、教与学理论来组织教学活动进程。所以教学结构是非常重要的，它是教育思想、教学观念、教与学理论的集中体现。教学结构的改变将会引起教学过程的根本改变，也必将导致教育思想、教学观念、教与学理论的深刻变革。所以教学结构的改革要比教学手段、教学方法的改革深刻得多；教学结构改革的意义也要比教学手段、教学方法改革的意义重大得多，当然也困难得多。

网络教育与课程整合的实质与落脚点是要变革传统教学结构——改变"以教师为中心"的教学结构，创建新型的、既能发挥教师主导作用又能充分体现学生认知主体地位的"主导-主体相结合"教学结构；而网络教育与课程整合又是核心内容，可见，教学结构理论在网络环境下的教与学理论中是必不可少的，且具有非常关键的意义与作用。

第二章　教育信息化与网络教育的相关探究

3．网络环境下的教与学方式的拓展

（1）学习方式观。从中国文化传统和西方心理学对学习概念的两种解读入手，剖析目前学习理论的成就与局限性，然后将学习研究的视野从微观扩展到宏观，从个体扩展到团队与社会。在此基础上，有学者首次提出，应把"学习方式"看作是和"生产方式"处于同一层次、同等重要范畴的创新思想，并从人类社会发展历史与哲学的高度对这一观点进行了论证。

长期以来人们习惯于狭义地理解和运用学习概念，把学习窄化为文化知识的学习，致使对学习活动的研究局限于微观，未能从更广阔的人类社会发展与哲学的视野去研究和揭示人类学习活动的特点与规律，因而也就不可能从教育哲学的角度提出和研究学习方式这样的范畴。随着信息社会的到来和知识的"爆炸"，人类的学习活动在社会发展中的地位变得越来越重要，致使众多学者(除教育学、心理学以外，还有脑科学、社会学、管理学乃至经济学等领域的学者)都纷纷加入到研究学习的行列，从微观到宏观、从历史到现实不断深化着人类对学习活动及其演变规律的认识。其目的是要提高人类个体乃至整体的学习能力、学习质量、学习效率，使之能与正在迅速来临的信息时代生产方式、生活方式相适应。这表明，对学习方式的研究已成为当今具有时代意义的重大课题。

人类的学习活动同人类的物质生产活动一样，都属于人类最基本的社会实践活动——学习是"人类自身再生产的社会实践活动"，它和"人类的物质生产活动"相辅相成，二者互为因果。没有物质生产活动，人类显然无法生存发展，但人的生产能力绝不是依靠生物遗传所获得的本能，而是在后天通过学习活动习得的。正是依靠这种学习活动，人类个体和社会才能世代相传，也才有可能继承前人的成果，以越来越快的速度向前发展。迄今为止，由于人们仅从狭义的文化知识学习来理解和运用学习概念，结果把学习仅仅归属于人类的认识活动，而忽视了学习的本质特征是人类自身再生产的社会实践活动，是人类个体和人类整体的自我意识与自我超越。事实上，正是在这种广义的学习活动中，人类的认识能力和实践能力才得以逐渐形成和发展，因此，发展自身的人类学习能力同改造外部世界的人类生产能力(生产力)共同构成人类生存发展的基础、动力和源泉。

基于对"学习方式"的上述独特理解，把学习形式划分为三类：个体学习、协作学习和团队学习。三种学习形式紧密联系、不可分割。个体学习是协作学习和团队学习的基础，任何形式的学习最终都要由个体来完成；协作学习是个体学习的扩展和延伸，又成为团队学习的另一个基础(个体学习与协作学习是团队学习的两大基石)；而团队学习则是个体学习与协作学习之整合与升华——在个体学习和协作学习中，学习的主体都是个体(协作学习是个体之间的协作，立足点仍然是个体)，而在团队学习中，学习的主体不是个体，而是团队或群体，并由此创造出

一种全新的高效学习形式。之所以有这种可能，是因为团队学习并不等于个体学习的简单相加，只有当团队中的每一个成员都真正为一个共同的学习目标，心往一处想，劲往一处使，在有序化的分工和密切合作中，进入高效率的整体学习状态时，才能真正凝聚、创造出一个作为整体存在的团队学习主体，也才能获得个体学习与协作学习都无法比拟的学习成效。

显然，从人类社会发展与哲学的广阔视野去透视、解读和预测人类的复杂学习活动，并由此形成全新的学习方式观，这不仅有利于人们从总体上去认识、把握人类学习活动的特点及其演变规律，也为当前学术界正在努力探索的"网络环境下的教与学理论"奠定了更坚实的理论基础。

(2) 绩效结构。当前国内外关于绩效的研究，存在三种理论观点：一种认为"绩效是工作的结果"(结果论)；二是认为"绩效是工作行为本身"(行为论)；第三种观点则认为绩效既包含行为也包含结果(综合论)。这三种观点都只涉及绩效结构的某一个或某一些维度，而单一的、不全面的绩效结构并不符合绩效评估的需要。为此，有学者在对绩效结构进行全面和多维度审视的基础上，作出了关于绩效结构的全新思考，并提出了富有启发性的独到见解。这种见解不仅对企业的绩效评估具有直接的指导意义，而且对各级各类学校教学过程和教学结果(即对教学质量、效率、效益)的评估也有重要的借鉴意义，因而对与此密切相关的"教与学方式"变革也有很大的促进作用。这种富有启发性的独到见解体现在四个方面：

对结果绩效和行为绩效二者应加以整合。如果说结果绩效有助于人们了解工作的实际成效，那么行为绩效有助于人们了解这一成效是如何产生的，进而指导人们做出相应的调整以改善绩效，从而达到绩效评估与过程改进的双重目的。因此，将结果绩效和行为绩效整合在一个连续体中是可取的也是必要的。

应将个体和组织机构整体二者同时纳入绩效结构。结果论强调对组织机构整体进行绩效评估，而行为论则强调对组织机构中的个体进行绩效评估。但是，如果不认识个体就无法评估整体；反之，只评估个体也是不够的，因为整体的绩效并不等于个体绩效之和——由于个体间存在相互作用，整体绩效可以大于或小于个体绩效之和。可见，研究个体绩效与组织机构整体绩效之间的关系，必然成为绩效结构研究的一个重要方向。

对于个体和整体任务绩效的认识有待深化。任务绩效作为行为绩效的一个方面，可以分为个体的任务绩效和组织机构整体的任务绩效。个体的任务绩效不仅包括行为的正确、熟练程度，还应包括行为的规范性和创新性；整体的任务绩效是指，作为整体的组织机构为完成本机构的目标、任务而实施的各种规范化行为，如执行各种规章制度、管理流程、相关创新机制的建立和贯彻等。作为一个范畴的行为绩效，目前在国内外已经得到学术界的普遍关注。

第二章 教育信息化与网络教育的相关探究

在绩效改进过程中对积极行为和消极行为必须明确区分。关系绩效作为一个范畴,尽管一直受到学术界的重视,但对它的认识与研究仍存在一定的盲区。比如,在关系绩效的研究中往往没有把积极行为和消极行为区分开来;究其原因,是人们经常把积极的行为绩效和消极的行为绩效混在一起,认为一个组织机构或个人的绩效只需依据其行为表现的积极程度就可以加以评估。这样做也许有助于绩效评估活动的开展,却并不利于对绩效的改进。任何一个组织机构或个人都会有积极的行为,但并不能掩盖其自身可能存在的消极行为。

(3) 变革资源组织形式与传统学习方式的"学习元"理论。20世纪末,为了解决教育资源的混乱无序、简单重复、缺乏共享、低效检索等问题,我国学者曾于1997年率先提出基于小课件、小素材组合重用的"积件"概念,由此开创了教育资源共享研究的先河。后来国际标准化组织为"学习对象"所界定的共享理念也与"积件"类似,但为学习资源与学习支持系统间的数据交换以及学习支持系统的标准化建设提供了解决方案,从而提升了教育资源共享的层次。

21世纪以来,随着各种新技术的产生以及社会建构主义、联通主义、分布式认知、情景认知等新型学习理念的出现,网络教学正在经历从接受认知范式到建构认知范式再到分布式情境认知范式的转变;支持传递、接受认知范式的学习对象正在面临新技术与新学习理念的双重挑战,迄今已无法满足泛在学习的实际需求。为解决这一国际性问题,在综合分析教育资源共享技术标准发展脉络的基础上,结合泛在学习的特点与需求,提出了一种能对教育资源的组织、共享形式以及泛在学习方式起重要变革作用的"学习元"理论,该理论包含下列内容:

学习元的核心理念。学习元中"元"有两层含义,一是指"元件",此处的"元"特指学习元的微型化和标准化,即学习元可以成为更高级别学习资源的基本组成部分;二是指"元始",也就是开始,即从无到有、从小到大、从大到强的过程。这表明,学习元具有类似神经元那样不断生长、不断进化的功能,其本质则具有智能性、生成性、进化性和适应性。

在学习元的上述内涵基础上,学习元被定义为:具有可重用特性、可支持学习过程信息采集和学习认知网络共享、可实现自我进化发展的微型智能性数字化学习资源。可见,学习元是在汲取学习对象、学习活动技术促进教育资源共享理念的基础上,对学习对象的进一步发展;是针对现有学习技术对非正式学习支持不足、资源的智能性缺失、学习过程中的生成性信息难以共享、学习内容无法进化等缺陷,而提出的一种全新资源组织方式。

学习元的结构模型。该模型包含元数据和聚合模型、领域本体、内容、练习、评价、活动、生成性信息、学习服务接口等多个组成部分。学习元既提供由URL寻址的、可通过远程访问的学习服务,又提供通过应用程序对聚合到Web页面的学习内容进行访问的学习服务；学习元能帮助学习者在任何时间、任何地点通过任何途径获取所需资源，从而在一种轻松愉悦的学习体验中学到特定领域的片段性知识；学习元还可通过彼此联通，来构建以学习者为中心的个性化知识网络。

学习元的基本特征。学习元作为学习对象的进化，在保持学习对象的可访问性、适应性、可承受性、持久性、互操作性、可重用性等特性的基础上，又增添了其自身独具的宝贵特征。这些独具的特征主要表现在生成性、开放性、联通性、内聚性、进化发展、智能性、微型化、自跟踪等八个方面。

学习元的功能作用。学习元概念的提出不仅是对学习对象概念的发展与深化，也是针对现有学习技术规范对非正式学习支持不足、资源的智能性缺失、学习过程中的生成性信息难以共享、学习内容无法进化等缺陷而提出的一种全新资源组织方式，是对传统教育资源组织方式的重大改革，因而必将在变革资源的生成模式与共享方式以及变革泛在学习方式等方面发挥难以估量的重要作用。

资源生成模式的变革——传统资源生成者是专家、学者，并由出版商通过单向的信息传递模式提供给用户，这种资源的生成与传递模式已无法满足知识爆炸时代人们对知识的需求。学习元的开放性与生成性允许用户编辑资源，并自动积累用户在资源使用过程中的生成性信息，使得原有的固化、静态资源变得具有生命力；资源开发商撒下最初的学习元作为"种子"，广大用户在利用资源的过程中可以根据自身需要改进、扩展学习元，并对新学习元进行重新编辑和发布；重新发布的学习元又可以作为今后新资源产生的"种子"。如此循环，单一的学习资源就可以通过集合众人的智慧，在较短时间内生成丰富的资源网络。

资源共享方式的变革——积件、学习对象等技术规范采用的都是单点静态共享方式，即同一个标准化资源可以在不同的软件系统中导入导出，从而实现资源的重复利用；而学习元除了可以运行在不同的终端设备和软件平台上以外，还借鉴了Web2.0"群建共享"的理念和神经元分裂进化的思想，主要采用多点动态共享方式，通过发挥用户的集体智慧对学习元进行分裂操作，使母子学习元自动建立起永久性的动态联结，最终可形成具有持续进化能力的知识网络。

泛在学习方式的变革——在原来基于"学习对象"的学习技术规范支持下，由于难以实现教育、教学资源的大范围快速共享，不容易解决教育、教学资源的混乱无序、独占隔离、简单重复、低效检索等问题，从而使泛在学习方式的效率低下，泛在学习的优越性无从发挥。

在资源组织方式中引入学习元理念后，由于学习元是无缝学习空间的重要构成要素，它嵌入到各种普适计算机设备中，构成了一个开放的、多样的、可持续进化的学习生态系统。系统中的各个要素与环境相互作用、和谐共处，维持着动态平衡，并形成无处不在的社会人际网络与认知网络(即无缝学习空间)。在此无

第二章 教育信息化与网络教育的相关探究

缝学习空间中,可实现对泛在学习方式的根本性变革,与此同时,泛在学习的最主要特征——按需学习(这是人类学习的最高境界)也可以得到最充分的体现。

按需学习是指学习者可以在任何时间、任何地点得到他们所需要的各种学习信息。通过学习元,学习者可以了解到学习内容使用的历史记录、与当前学习主题相关联的内容、对当前学习的评估记录、对学习内容的编辑更新记录、与学习内容相关的方法策略、与学习内容相关的学习活动;通过学习的交互记录,学习者可以获得最适合自己需要的内容、方法、策略及工具;学习者可以实现随时随地基于任意设备、任意主题的学习,并能够组装来自各处的学习元,以形成个性化的知识网络地图,通过该地图还可以找到志趣相投的学习伙伴,来共享社会人际网络与认知网络。正是通过学习元所带来的、有关泛在学习方式的上述种种变革,才使人类学习的最高境界——按需学习——真正落到实处。

第三章 计算机网络教育与传统教育的比较与互补研究

在社会日新月异的发展中,计算机网络教育顺应时代的浪潮而出现,在带来教育体系发展的同时也刺激了传统教育的改革。本章从计算机网络教育与传统教育的优劣势入手进行分析,并提出使教育体系更好发展的解决策略。

第一节 计算机网络教育与传统教育的比较研究

一、网络教育与传统教育基本内容比较

网络教育模式主要有课堂讲授型模式、个别化自主学习模式、研究性学习模式、开发性学习模式、远程协作型学习模式等。在教学过程中,教师的作用也有一定的变化。教师是教学过程中的组织者,而学生在学习过程中对相对犯错概率大的问题可以得到统一回复,对比较深奥的问题也可以给教师留言得到处理。学生能够提高自我发现问题的能力,加强对学习的渴望,大大简化学习过程中的周旋,也会从原来的被动学习变为主动学习。同时,学生通过帮同学答疑获积分的形式,提高解决问题的能力。

传统的教学模式是在一定教育思想、教学理论和学习理论指导下,为完成特定的教学目标和内容而围绕某一主题形成的比较稳定且简明的教学结构理论框架及其具体可操作的教学活动方式,主要有课堂讲授型模式、以教为主的教学模式和以学为主的教学模式等。夸美纽斯在《大教学论》中提出的班级授课制度,就是一种典型的以教为主的课堂教学模式。在传统的教学中,教师是关键,教学内容、教学方法由教师自己决定;教师是知识的传播者,是教授课程的主导者,学生在学习过程中则是被动听课者,很难表达自己的观点。教学策略比较既往研究表明,网络教育策略大部分采用的是九段教学策略,是由美国著名教育心理学家罗伯特. M. 加涅提出来的。加涅认为,教学活动是一种旨在影响学习者内部心理过程的外部刺激。根据这种观点,他把学习活动中的学习者内部心理活动分解为九个阶段,分别为引起注意、阐述教学目标、刺激回忆、呈现刺激材料、提供学习指导、诱发学习行为、提供反馈、评价表现、促进记忆与迁移。九段教学法

第三章 计算机网络教育与传统教育的比较与互补研究

完整地展现了现代教学的需要，通过不断地反馈与调整，学习者得到自己所学知识，将理论知识应用于实际生活，将所学知识转变为自己的知识，最后达到自己能独立灵活运用。

传统教学策略主要采用的是五环节教学模式，此模式源于赫尔巴特学派的"五段教学法"，是目前我国各级各类教学实践中普遍采用的一种教学模式，基本过程主要有激发学习动机、复习旧课、讲授新课、运用巩固、检查效果。很显然，传统教学策略在知识诱导性、反馈性、迁移性等方面明显不如网络教育策略突出。教学方法比较网络教育主要采用以下 4 种方法。

(1) 通过 PC 端学习形式。学习者可以通过音频、视频、课件等形式在计算机技术上进行同步或者非同步的交互学习和交流。

(2) 通过电视、DVD, U 盘等方式学习。这种学习方式特别适合很多缺乏网络覆盖的偏远山区。

(3) 通过移动终端方式学习。学习者通过手机、平板电脑、电子书等移动设备进行学习，不仅携带方便，而且学习资源丰富。

(4) 面对面的辅导学习。网络教育机构定期或不定期开展的集中面授辅导课程，通过教师与学生的现场交流，及时解决学生在学习过程中遇到的问题。

传统教育主要采用以下 4 种方法。

(1) 讲授教学法。教师对学生需要掌握的知识技能进行分析讲解，督促学生理解课程主要学习内容、学习技能及思想品德内容与要求。讲授教学法通常会与观摩教学法、演示教学法相结合，以达到教学最佳效果。

(2) 演示教学法。即通过组织学生在实验室或实验基地进行观察、调查、研究、分析和学习，从而获得新知识或巩固已学知识的教学方法。

(3) 观摩教学法。观摩教学法主要是组织学生到校内外实训基地以现场实物为对象，以学生活动为主体的教学方法。

(4) 小组教学法。小组教学法是指以学生或学习者为主体，组织开展小组活动的教学方法，如小组讨论、小组实验、师生互动等。此类教学活动，教师只是起引导者、组织者和指导者，自主权交由学生。当前，由传统教学与网络教育结合形成一种新的教学方法，称之为仿真教学法，也称为模拟教学。模拟教学是利用计算机网络环境来模拟真实的课堂情境或各种实景，学生在其中扮演一个角色的一种教学方法。模拟教学可以弥补传统教学的某些缺陷，在很大程度上近似真实的培训环境，为提高巩固学生的知识、技能创设了可靠的支撑体系。

二、网络教育与传统教育的发展趋势比较

随着信息化技术的不断发展，教育正在发生革命性变化，但目前网络教育所涉及的教学方法和认知理论还很不完善，只有充分了解网络教育的特征，从社会

学、教育学、行为学、心理学、语言学和教学法入手，继承和吸收传统教育理论和教学方法中的精髓，并在网络课堂上加以有效的应用，才能为网络教育摸索出一条新路，实现网络教育模式化创新，大规模培养具有知识创新和技术创新能力的人才。

通过问卷调查和访谈发现，传统教育对学习者的影响依然不可低估。

教师在教学态度方面总体情况良好。34.78%的学生认为教师精心设计教学环节，课堂时间安排、利用充分；56.52%的学生认为教师教学环节较完善，时间安排较好；8.7%的学生认为教师教学环节无计划，时间安排不当。

教师在教学管理方面趋向良好，为全面提高学生综合素质，在教学管理上严格要求学生，管理学生措施具体，自觉注重培养学生良好的学习习惯。其中，56.52%的学生认为教师严格要求学生，管理学生措施具体，注重培养学生良好的学习习惯；43.48%的学生认为教师对学生有要求，但管理不严格、不明确；没有学生认为教师只管教学，对学生的学习和表现不闻不问。

有56.52%的学生认为教师在教学手段方面善于使用各种教学手段、工具，特别是多媒体、网络等教育手段；26.09%的学生认为教师教学手段简单，如挂图、模型等，无多媒体教学；17.39%的学生认为教师教学手段单一、传统，无多媒体教学。这意味着教师能灵活使用各种教学手段，也就意味着网络教育与传统教育结合，将成为未来两驾马车的先兆。

关于教师教学效果，学生总体评价最高。其中，47.83%的学生认为教师讲授知识丰富，反映最新信息，能把所学知识与实际生活相结合；52.17%的学生认为教师以教材为主，把所学知识与实际生活相结合；没有学生认为教师讲授内容和举例陈旧，脱离实际生活。由此可知，教师在传统教育中必不可少。

由以上调查结果可知：教师在教学态度、教学管理、教学手段、教学效果等方面均能得到学生的良好评价。由此可见，传统教育还有不可取代的优越环境和独特地位。当然，在调查过程中也发现传统教育存在一些相应的不足，例如：学生对教师语言规范的评价，只有34.78%的学生认为教师讲课生动、形象，语言清楚，规范使用普通话；有56.52%的学生认为教师讲课基本生动、清晰，但普通话不够规范；有8.7%的学生认为教师在教学过程中不注意语言规范，影响听课效果。

网络教育的冲劲态势不可低估。随着计算机的出现和计算机技术的发展，网络教育让知识的获得更为简单、直观、快捷、海量，营造了一个不受时间、地域限制的学习环境。数据显示，当前学生通过慕课网(MOOC)(43.48%)、网易云课堂(69.57%)、腾讯课堂(73.91%)、国家精品课程资源网(34.78%)以及 edX(8.7%)等网站进行学习，其中选择率最高的为网易云课堂和腾讯课堂。

以腾讯课堂为例：用户体验相当现代化，打开网页进入腾讯课堂首页，在选择学习内容时，鼠标到相应的学科类别，就会有相应下拉菜单出现，而学习内容都是目前最前端的知识体系和技术，从中可以选择适合自己学习的课程；在学习过程中可以随时调节学习进度，对自己不懂的问题可以反复观看。美国著名教育学家杜威曾表示，人在课堂学习过程中通过视觉观看能存留下来的记忆仅占30%左右，记忆力不佳者为15%左右。传统教育在课堂过程中只有一遍而过，相当负责任的教师最多重复2~3遍，而网络教育则只要学习者没有弄明白就可以反复观看，也可以通过网络各种搜索途径，获得便于自己理解的学习结果。由此可知，网络教育的态势不可低估。

三、网络教育与传统教育的关系

（一）传统教育与网络教育相互不可替代

无论是传统教育还是网络教育，都有很多优势，但各自也存在劣势，它们都不是万能的，更不能相互取代。①网络教育导致教师和学生之间互相分离，不利于培养学生的情感，学生的动机不能得到同步培养，他们也感觉不到优秀教师的人格魅力。在课堂教学过程中，教师和学生之间因为情感心理因素营造的环境气氛，是现代教育媒体不可替代的，比如教师的语言符号和非语言符号。一些教师可以用几句话清楚明了地表达一个复杂的问题，而且有丰富强烈的感情色彩和逻辑能力，可以感化学生的心灵世界。这是现代网络教育无法替代的，这也是一台机器无论如何也无法匹配的。②网络教育要求学生有较强的自控能力。一直以来，传统教育是以升学为导向的应试教育培养，学生缺乏主动的学习精神和积极的探索精神，缺乏广泛的交流意识，不可能达到良好的学习效果。相反，网络教育可以规避这些现象，引导学生自主学习，但网络上信息迷航现象或认知过载现象，对学习者尤其是青少年培养学习自控能力起到阻碍作用，使得自主学习效果欠佳。因此，二者必须有效结合。③在网络教育中，任何操作都是由电脑来完成的，大部分学生只要使用键盘输入，就能完成相应学习工作，这将削弱学生的实际操作能力和语言表达能力，不利于培养学生的抽象思维，也不利于汉字写作训练。这些缺陷在传统教育过程中可以得到一定程度的弥补。④网络课堂能够实现"人→机→人"对话交流，但减少了学生直接面对面与他人之间的交互活动，不可避免地出现紧张、冷漠和漠不关心的新"情感真空"。传统教学的优点使师生由于共同目的和共同活动聚集在一起，互相观察、借鉴、激励、挑战和对话，促进了教师和学生之间、学生与学生之间的情感交流，有助于增强学生人际交往能力。

（二）传统教育与网络教育相互包容

网络教育的不足就是传统教育的优点，而网络教育的优势又是传统教育的局限。因此，正确的处理方法应该是网络教育和传统教育二者相互包容，实现优势互补。比如：传统教育所具有的优秀的学习环境、丰富的学习氛围、和谐的师生关系、亲密的同学情谊，在网络教育空间中是不可能达到的，只能是模拟的或虚拟的，所以，网络教育不能完全取代传统教育。在现代信息社会，只有真正的传统教育或只有仿真的网络教育，是不可思议的。因此，可以讨论未来的教育模式：网络教育不会完全取代传统教育，但这两种教育的方法是可以相互渗透、融合发展。一方面，学校应该积极发挥网络教育的优势，重视网络信息技术与传统课程整合，进一步挖掘教育潜力；另一方面，网络教育需要从传统教育的理论与方法中获得营养，促进其优越性的发挥，进一步提高教学品质，完善教学管理体系。

（三）传统教育与网络教育相互借鉴

传统教育与网络教育的相互借鉴主要体现在以下几点：

(1) 网络教育具有"跨越时间和空间"的优势，结合传统教育的优势学习等，可以共同构建终身学习教育体系。传统的学校教育中存在的普遍问题是优质教学资源不能共享，教学名师的受众面有限，教学内容的可再现性不强且存留时间有限，教学方法和艺术单一等，不能因材施教和因人造学等，而网络教育恰恰可以弥补这些缺陷和不足。

(2) 传统教育具有师生情感交流的优势，可以成功地弥补网络教育师生分离、情感障碍的缺点。虚拟连接不培养真正的人类情感，所以在实施网络教育过程中，应该定期组织学生在学校学习，这样有助于师生之间的相互交流、相互鼓励，起到巩固知识和增进友谊的作用。

(3) 在传统教育教学过程中，教师易于掌控整个教育教学环节，有助于对学生进行直接指导和辅导，及时解答学生存在的学习问题和个人情感问题，有利于及时化解学生思想、情感、心理问题，有效克服网络教育的虚拟性、域外性、疏离性等缺陷；而网络教育的可复制性、趣味性、自主性等优势又可以弥补传统教育单向性、不可复制性、单一主体性等不足，二者互补，可以产生更加优质的教育教学效果。

第二节 计算机网络教育与传统教育的优势互补研究

一、传统教育的优势

（一）让学生接受校园文化氛围的熏陶

校园文化氛围富有直接育人的特殊意义。学生的可塑性较大，模仿力很强，

第三章 计算机网络教育与传统教育的比较与互补研究

从众心理和归属心理较为突出,他们的成长是一个漫长的接受有计划教育和无计划多渠道因素影响的过程。他们所接触到的一切都是潜移默化的影响因素,周围的环境是他们成长的土壤和气候。因此,校园文化氛围更是无声的老师,富有教育学生的意义。将德育、智育、体育、美育和劳动教育融化、体现在优化的校园文化氛围之中,将整个学校变成教育加欢乐的感化场所,使每一个在校的学生无不受到其感染和熏陶。

(二) "面对面"的情感交流

传统教学传授知识过程中,老师的语气、语调、动作等细微的信息能很好地体现教师所具有的教学机智和人格魅力。在现实教学过程(区别于网络教育)中,教师总是带着自己的全部身心和人生体验进入教室,他的心理状态直接影响他对学生的态度、处理问题的方式、宽容度、耐心、机智以及满足与否等情感体验。整个教与学的过程被看成是生成的,而不是预设的。教师的面部表情、体态语言、表扬鼓励之词都会在不经意间改变学习者的学习态度,从而使教学效果收到意想不到的效果。此外,教师采用特定的教学方法,在与学生进行真实的教学交往活动中所产生的罗森塔尔(皮革马力翁)效应、霍桑效应等。通过老师和同学间的相互交流营造出一种强烈的学习氛围,从而达到春风化雨、润物无声的效果。

(三) 理科教学优势

多数理工学科的学习(如生物、化学、医学)需要做实验才能得到对客观对象的真实体验,进而取得学科上某些突破性的进展。但是,目前网上实验技术并不理想,对实验现象的呈现只能引起视觉的注意,学习者很难深入地去发现规律,有所突破。对于这类知识,借助真实事物去体验非常重要,它是学习者进行下一步信息加工、转化和建构不可缺少的"原材料"。比如化学实验生成物的气味,医学中解剖实验等。由此推而广之,需要味觉、触觉体验的知识靠网络的"一面之辞"又怎能领会呢?又如学社会学的人通过网络虚拟社区可以掌握事实性、原理性的知识,但这种社区毕竟不是真实的社区,其结构要素都是设计人员预制好的,不会像在真实的社区中,由于微小因素的变动就会产生迥然不同的功能和效果,从而影响整个研究的结论。因此,为学习者创造真实的学习环境而不仅仅是通过网络的学习支持服务系统,对他们更好地了解客观世界,认识自然、了解社会和关心他人将大有助益。

(四) 重视学生非智力因素的培养

传统教育可以做到因材施教,而且学生之间也能相互了解,相互学习。一个学生就是一个小的世界,是有生命活力的个体,各自有不同的社会、文化背景、知识结构和个性特征，此外，每个人的学习风格、思维方式也有显著的差别。比如有的是沉思型，有的是冲动型；有的偏于集中思维，有的长于发散思维；有的长于逻辑推理，有的侧重直觉想象。学生个体的差异，致使人们的教育应该因人而异，因材施教。

传统教育能利用学生集体的力量来促进每个人的发展。英国开放大学的校长约翰·丹尼尔认为："人们不应在整个学习过程中，完全利用信息技术进行个别化教学而摈弃学习小组。如今大众最认可的仍然是那些强调班级或小组学习的模式"。在学生集体中，学生之间能够通过相互观摩，共同进步。每个人在各方面的进步或后退都会被同伴所注意和评价，这些外部评价很能影响其今后努力的方向。学生集体中这种积极向上的心理气氛，将能够激励其向更好的方向发展，全面提高每个集体成员的自身素质。通过分析人们不难得出：网络教育与传统教育各有优点，也各有不足。网络教育不会取代传统教育。网络教育更适合成人学历及培训教育。

二、计算网络的教育优势

（一）传统教育模式的转变

21世纪对人才的要求不仅仅是对现成知识的记忆和模仿学习；而是要学会学习，能在复杂的现实环境中，收集信息，处理信息，独立思考，得出自己的见解。但许多教师仍然停留在过去传统的教学模式中，以教师讲授为中心，忽视学生信息素养、自主创新能力的培养。这种旧的教学模式，难以提高学生的创新精神和实践能力，更难谈到学生的自主学习。在网络环境下，应该树立以学生为中心的教学模式，教师在教学活动中，可以采取任务驱动的方法，提出相关的任务，引导学生开展讨论、研究、探索、问题解决，指导学生组成小组合作学习，进行社会调查、实地研究、阅读、网上搜寻和发表学习报告等，把学生从禁锢的学习环境中解放出来，使他们在教学活动中真正成为学习的主人。

（二）凸显学生主体地位

现代信息网络的应用，大大促进教师的教学思想的转变和教学过程的优化。教师按照学生的学习过程设计教学过程，按照学生的认识规律设计知识的形成过程，按照学生的心理发展设计能力培养过程，构建以学生发展为宗旨，以教师为主导、学生为主体的新型课堂教学模式。

在信息技术课程的教学中，教师创造任务驱动的网络自主学习新模式，使学生在完成任务的过程中明确概念，掌握获取知识的方法途径，锻炼操作技能，培养学生自主学习、协作学习的习惯和精神。

第三章 计算机网络教育与传统教育的比较与互补研究

在教学过程中,学生充分发挥了自主学习的能动性,老师只是组织者、指导者。教学组织形式、学习方式、作业与考评方式均发生深刻变化,从根本上改变了传统教学理念。学生通过网上资料深刻地认识到病毒给社会带来了巨大危害,思想上提高了警惕,了解到知识产权方面的法律法规,增强了法律意识,努力做合格网络公民、提高了教育效果。

(三)培养学生综合能力

运用信息技术与其他学科教学的整合,自制、整合多媒体课件辅助教学,并发挥网络优势,鼓励学生探究性学习。

各学科教师充分利用网络拓展课堂容量,增加很多与教材内容有关的动画、影像、图片等素材,创作模拟仿真的教学课件,让学生多个感官并用,增加了教学效果。学生还可以根据自己的特点和进度,自主学习,利用课件中的仿真实验,在教师指导下进行研究性学习。

三、网络教育与传统教育有机结合的优势

自教育部发出"关于在中小学实施校校通工程的通知"以来,"上网"成了教育界用得最多的名词。校园网的建立更是提到了许多学校的日程上来,然而不菲的费用又使许多学校望而却步,就是已经建立的校园网也因资金或技术的不足,没有达到人们预期的目标。而城域教育网却能很好地解决这一问题。

现在介绍以山东省某教育网为例的网络教育与传统教育有机结合的教学案例。

(一)节约资金

学校建校园网投资是比较大的,软硬件平均投资总额为 40 万元左右。而城域网建成后情况就不同了,尤其是中心网站的建成使全区教育资源共享成为现实,对各校校园网的服务器降低了要求,免除了路由器、防火墙、操作平台、各校所用的资源库等,一般每校投资 8 万元左右即可。这就是临淄区提出的"基于宽带城域网下的校园网模式"整体解决方案。这样每校平均减少 30 万元的投资,100多所学校就可节约 3 000 多万元。宽带教育城域网(千兆光纤到乡镇,百兆光纤到学校)中心网站设在临淄二中,投资仅 500 万元,其中包括 300 多万元的网络硬件设备和近 200 万元的管理平台、素材库、电子备课系统等应用软件。该网功能齐全、技术先进、可扩展性强,集办公自动化、教育信息发布、网上考试、网络教育、电子备课、视频会议于一体,使家庭教育、学校教育、社会教育更有效地融合在一起。目前已有 80 所学校通过千兆校园网或百兆校园网联入城域网,达到了终端到教室、办公室、微机室、电子备课室、教师宿舍等,深受学校师生的欢迎。中心网站作为全区教育网络办公的中心,集中管理有关学校的基本数据,做到信

息及时上传、下发、汇总,降低学校的管理运行和维护成本,各学校将学生、教工等基本数据及时通过网络上传至中心网站的数据库并进行处理和汇总,教委通过数据库查询及时获得全市教育的基本情况,以便作出决策,更合理地进行教育规划。

(二) 资源共享

临淄区教育局中心网站及时迅速地将国家、省、市教育的相关信息向区内所有的中小学校发布,各个学校、教师、学生和家长可以在本校通过浏览中心网站了解教育方面的信息。教育局网络中心通过千兆光纤与下属的中小学校相连接,以"虚拟闭合网"的方式组成一个覆盖全区范围的城域网络。中心网站的主页上加入了全国各地其他教育相关网站的链接,使师生方便地访问这些网站以获得所需信息。现在,中心网站已成为全区各级各类学校共享的教育信息资源中心,包括多媒体素材、课件、教案、影视和教研成果等教学资源。在每个学校的电子阅览室、办公室、每个教室内,都可以适时调用这些资源,进行备课、教学和学习。学校、教师、学生和家长可以通过网站提供的电子公告板、免费电子邮件等形式相互交流。学校、教师可相互交流教学经验以提高教学水平;学生和教师之间进行疑难解答或单独辅导;学生之间交流学习方法和相互辅导;家长通过与学校和教师的沟通以便更好地教育子女等。这种交流是可在临淄的任何学校学生家长之间进行的,是跨学校的。

(三) 网络教育与传统教育结合的最佳实施方式

如今的网络教育与传统教育结合的教育方式是通过"英特尔未来教育"实现的。

1. "英特尔未来教育"充分发挥教师的引导作用

教师首先结合本学科设立一个引导学生研究的单元问题,然后再围绕这个单元问题设计研究的细节过程,比如时间表、信息来源渠道、小组划分等。同时还要制作一个向学生展示这些内容的演示文稿。这样就使学生的学习在教师的指导之下,有的放矢,少走弯路。教学过程中,教师的主要任务就是指导和评价,并且需要经常地换位思考,制定好评价量规,参与并评价有关的学习过程,而且评价不仅仅面向结果,过程也成为很重要的评价对象。教师在制定评价标准的同时也是一个反思教学设计的过程,这样人们的教学设计就成了一个动态的整体,构成了一个能够自我调整、自我完善的体系。

2. "英特尔未来教育"使学生的主体地位得到落实

学生在明白了自己要完成的课题后,有了具体的目标,接下来就可以让学生到计算机技术上搜寻与主题有关的内容,并把找到的素材保存下来。此时,可能

第三章 计算机网络教育与传统教育的比较与互补研究

有一些学生感到无从下手，教师应适时、适当地给予辅导，尽量使学生通过自己的努力探索完成搜集任务。这个环节是教学任务的主要实施阶段，教师要敢于放手，给予学生充分的学习自主性，这样才不会束缚学生的思维，增强他们独立完成任务的信心和决心，从而找到获取信息的方法，初步形成科学的解决问题的能力，这也是素质教育的目的所在。通过充分的自主学习，有的学生找到了更简捷的搜索信息的方法；有的则从不同角度了解了课题的有关知识；对自己找到的信息进行了科学的分类，并形成了自己独到的见解。现今社会，很注重团队精神和协作精神，搜集完信息，可以让学生就自己的资料和结果进行分组讨论，发表见解。"在共享集体思维成果的基础上达到对当前问题比较全面、正确的理解，最终完成对所学知识的意义建构"。教育是多方面的，其中包括师生之间情感的交流、同学之间的友好相处、成长过程中的环境和氛围等方面，网络教育可以真实模拟构造这些传统教育中的一些方面，但不可能完全取代。网络教育是不会取代传统学校教育的。因此这就要求网络教育的发展应从与传统教育互补的角度，精心策划和整合，不仅使学生的素质得到大幅度提高，也使学生的学习成绩有较大的提升。

第四章 计算机技术作用于教育信息化的过程研究

网络应用的广泛普及促进了教育信息化的发展进程,计算机技术也成为教育信息化中必不可少的推进因素。本章对计算机网络作用于教育信息化的过程进行分析,从促进方式、应用策略等角度开展相应探究。对现代信息技术在课程整合存在的必要性及问题进行分析,使二者在发展中能够更好地进行融合。并对人工智能与软件开发技术在教育信息化发展中的影响进行了阐述。

第一节 计算机网络促进深化教育信息化

一、计算机技术对远程教育的影响

在大数据时代下,数据的出现改变了传统教育形式的单一,但是也在一定程度为教育事业的发展提出考验,在大数据的影响下,计算机技术的利用能够实现远程教育,并且能够进一步转变学习方式,丰富教学内容。

(1) 计算机技术能够丰富教学内容,利用 IPv6 技术可以通过组播方式对流媒体信息进行传输,并且也能够增加网络的数据流量,为学生提供多样的学习内容,这种教学方式能够解决远程教育之中所存在的实时交互困难。另外,利用计算机技术能够将大量的数据资源进行整合,采取有效的方式传递给学生,在改变传统填鸭式教学模式的同时,也能够提高学生的学习兴趣,满足学生的学习好奇心。

(2) 计算机技术能够实现网络实时教学。众所周知,在大数据时代中数据是最具代表性的载体形式,现如今,传统的教学方式无法承担大流量的数据流,导致教学方法单一,甚至停留在教材与文本交互阶段,对教学效率与教学质量产生重要影响。但是计算机技术的出现,能够改变传统数据传输的方式以及报文分割的模式,在相同的宽带上运行大量的数据,将视频、音频等流媒体进行传播,从根本上实现了教育从单向交流转变为双向交流的发展趋势。

(3) 计算机技术的使用保障了教学资源的安全性。计算机技术具有开放性,网络传输之中的数据在整个传输过程中会被修改,无法保证教育资源的安全性,但是在第二代计算机技术出现之后,IPv6 能够为用户提供细致且全面的身份认证

第四章 计算机技术作用于教育信息化的过程研究

机制，能够保证网络中所传播的数据信息具备全面性与安全性。因此，计算机技术的使用在一定程度上保证教育资源，丰富了教学信息，改变了教学手段。

二、计算机技术对教学模式的影响

网络教学在现代教育中占据了十分重要的地位，作为一种集计算机、网络技术以及通信技术为一体的知识传输模式，教育信息化实现了教育先进性以及实用性的有效结合，并且改变了传统的教学模式。其中在教育信息化中计算机技术的应用效果主要体现在以下几点：

(1) 计算机技术能够对各种资源进行利用。在大数据时代中，教育资源通过计算机技术打破了时间与空间的限制，并将教育内容拓展到校园之外、社会之中。在计算机技术教育中，教育信息化呈现出开发性，各个学校能够将教育优势进行整合，利用计算机技术将优秀教学成果、优秀教学案例、优秀教师通过网络传播到各个地区，促进区域之间的教育交流，这种情况下，教育不发达的地区也可以接受高水平的教育。

(2) 互联能够实现"五个任何"，实现主动学习。一般而言，在大数据时代下计算机技术在教育中的应用以远程教育为主，最为主要的特点便是利用网络实现"五个任何"，分别是任何地点、任何时间、任何内容、任何人，在计算机技术的利用，灵活改变五个任何，促使学生打破时间与空间的限制，实现主动学习，从而满足现代教育与终身教育的发展目标。

(3) 计算机技术的利用能够实现个性化教育。在教育信息化之中，教育呈现出信息化发展趋势，传统的教学模式已经无法适应大数据时代的要求，在计算机技术的利用下实现网络教学，学生咨询、报名、课程选择、课程学习以及学籍管理、作业考试管理，均可以通过网络以远程的方式完成。

三、计算机技术对校园网的影响

第二代中国教育和科研计算机网 CERNET2 是中国下一代互联网示范工程 CNGI 最大的核心网和唯一的全国性学术网，是目前所知世界上规模最大的采用纯 IPv6 技术的下一代互联网主干网。各大高校皆引入了 CERNET2 的应用，对教育、科研有着十分重要的意义。其中在教学方面中，学校利用计算机技术制作课件，并且利用计算机技术将媒体课件传输给学生，实现多媒体教学，在这种发展模式下，无论是性能还是其他方面均具有十分重要的优势。在科研方面，学校可以利用计算机技术为教师提供实验研究的环境，并且与国外著名学府的资料库进行关联，方便教师与学生查阅资料。在校园网的建设之中，需要加强对各种软件资源的建设，并且将图片、视频、文字资源进行整合，此外，还需要通过网络制定学籍数据库、成绩数据库等，这样一来，学生通过网络便可以实现资料查找，比如通过访问计算机技术"中国教育资源网"，便可以实现对相关教育资源的下载，并整理到相关文档或者课件之中，丰富教学资源与学习资源，真正将教育技术融入现代化教育之中。在未来的发展阶段中，计算机技术在校园网的建设中会扮演重要的角色，并且能够推动我国教育信息化得到创新发展。

四、推动计算机技术在教育信息化中的应用策略

大数据时代下计算机技术对教育信息化具有非常重要的指导意义，但是从某种意义上分析，计算机技术在教育信息化中的应用受到诸多因素的影响，需要采取策略与对策，实现教育信息化的全面发展。比如，学校要加强对校园网的建设，作为计算机技术发展的主要形式，校园网中包含了教育方式、教育内容以及教育手段，构建良好的校园网发展体系，能够为广大教育工作者做好教育信息化提供发展基础，并且能够以积极的态度为教育人员创造硬性条件，从根本上促进教育信息化的有序发展。另外，教师与学生还要加强对计算机技术的利用，教师要利用计算机技术制作课件，并且熟练操作计算机，对于年龄比较大的教师，学习需要采取计算机技术培训模式，提高教师的计算机技术水平与素养。而学生则需要加强对计算机技术的利用，利用计算机技术查找学习资源，尽可能地利用计算机技术进行知识的学习与掌握，积极克服对现代教育技术与计算机技术的恐惧与心理障碍，在计算机技术应用中提高自己的学习能力。当然值得注意的一点，是教师与学生对计算机技术中的信息要加以辨识，杜绝不良信息与虚假信息所造成的负面影响。

（一）计算机网络在教育教学当中的开发

1. 教育技术学的专业特色体系

计算机网络技术是一门新技术，教育学是传统教育模式的重要组成部分，而基于教育技术学的专业特色体系可以将现代教育理论与计算机网络技术有效整合，实现不同学科领域的综合的学科，这样不仅有利于促进知识的传播，也利于较强的实践能力和创新精神的培养以及应用型、复合型人才的培养。构建基于教育技术学的专业特色课程体系，实现将教育学、网络技术、教育信息化、网络教学平台等领域和环节的基本理论和课程实践结合，在课程资源的设计、开发、实践、反馈等方面进行综合性的训练，使学生在毕业以后能够在教学设备资源的使用和维护、远程教育网络系统的研发和实现、教育多媒体的制作和设计、教育辅助软件的开发和应用等方面具备一定的理论知识和实践能力。

第四章 计算机技术作用于教育信息化的过程研究

2. 建构主义理论

学习理论认为,环境、互助、会话、意义建构这四大要素是良好学习氛围的重要构成部分。基于该理论模型的网络学习方式可以充分满足学生学习的自主性和积极性。通过依托于计算机网络和多媒体技术的构建,为学生们提供真实的学习环境,方便学生们的协作和会话,同时在这种模式下的学习,也使学生们的学习方式发生了很大的变化,从传统教育模式下的学习,到基于网络资源的学习,实现对某一个问题或者是某一项任务的解决。通过网络资源的有效整合,然后进行资源的检索、学习、评价和重组,实现对问题解决、知识建构的全过程。

3. 网络学习环境的搭建

从系统应用的角度来看,网络学习环境的搭建可以从三个方面来讨论,即:资源层、功能层和管理层。资源层主要是一些电子数据资源,这些基础性的学习资源是网络学习的基础;而功能层的功能表现在两个方面:一是提供友好个性化的用户界面,通过人性化界面的设计来提供友好的查询界面,实现用户对系统的访问;二是表现为系统的架构设计,即通过合理的设计,使系统的架构体系既能高效率地实现数据的检索和查询,又能满足网络学习环境的功能需要。

4. 计算机网络资源的分类管理

根据网络技术在教育教学当中的应用情况,以课程的对象类型、媒体类型和课程资源方面,对资源进行分类。这样分类的依据是实现不同的资源库之间的数据交换,提高数据使用效率和资源价值。根据我国资源属性的分类标准,主要是参照 LOM 模型、教育资源建设技术规范和基础教育教学资源元数据规范等方面的数据规范进行规定。同时参照 CELTS-31 对于资源属性的界定情况来实现对数据类型和元素的合理界定,便于实现对数据的处理和数据资源的利用。

(二) 网络在教育教学当中的应用

1. 为学生自主学习提供了平台

在传统教育模式下,学生对知识的理解和学习方式比较单一,由于是被动式地接受教育,学习的积极性、主动性、创造性往往会受到很大限制。而网络技术在教育教学活动中的应用,对现行教育模式产生了重要影响,变"要我学"为"我要学",变"被动式"学习为"交互式"学习,大大提高了学生学习的自主性。同时网络教学平台与传统教育方式相比,学习资源更加丰富、学习方式更加灵活、学习趣味性大大提升,这些都为学生们的自主学习打下了坚实的基础。网络技术教学活动中的应用有别于传统教学,它开创了新的教育和学习环境,拓展了学习的空间和知识面,突破了教学活动与现代社会之间的藩篱,促使学生、家庭、学校、社会之间的沟通和交流,达到了学习要与生活紧密结合,学习要与实践结合的理想境界。从长远来看,计算机网络在教育教学当中的应用是教学方式、形式进步和文明的标志,是实现教育信息化和现代化的重要探索。而网络技术与教育教学的有效整合,必将对现行的教育模式产生巨大冲击和挑战,从而有利于教育教学活动,并将显著提升学生们的综合素质。

2. 教育信息化为教学活动提供支持

在传统教育教学活动中,教师的任务以及角色是关键而又重要的,相应地教师承担责任在教育教学过程中是重要的。在这样的情况下,教师为了准备好课程就要对现行的教育教学资源进行有效整合,这就涉及实验设备、仪器、场地和资源的管理。而教育信息化突破了以上资源的范围,借助丰富的教育信息化资源,教师可以专注于对授课内容和技巧的应用,使课堂气氛真正活跃起来,同时通过视频、图像、声音、文字等资源的灵活运用,激励学生学习的积极性和主动性,使教学活动不再仅仅局限于老师和学生之间,课堂内容因此也变得更加丰富。

3. 教育信息化成为改革传统教育教学的重要推动力

长期以来,传统教育教学的活动主体是教师,由于教师在授课过程中受到知识水平、授课技巧、道德素质等影响,会对教育质量造成了某种程度上的影响;目前由于我国教育资源分配不公平,不同地区教育发展程度存在着较大的差异性,致使我国教育面临着严峻的问题。教育信息化在教学过程中的成功应用,可以打破这种不利局面,其借助于自身在教育资源共享和数据通信等方面占有的巨大优势,已经对我国教育现代化进程产生了深刻影响,成为改革我国传统教育模式的重要力量。

第二节 计算机网络运用于教育的主要途径

一、计算机教育的发展和必要性

(一)计算机教育的发展

1. 中小学计算机教育的发展

中小学的计算机教育可以追溯到 20 世纪 80 年代,1982 年原教育部做出决定:就在清华、北大和北师大等 5 所大学的附中试点开设 BASIC 语言选修课,这就是我国中小学计算机课程和计算机教育的起源。

中小学的计算机教育发展至今,可谓经历了两个阶段:第一阶段称之为"计算机课程"(或"计算机应用基础课程"),这一阶段大致从 20 世纪 80 年代初至 90 年代中期,计算机课程主要以学习程序设计语言为核心(主要内容是 BASIC 编

第四章　计算机技术作用于教育信息化的过程研究

程）；到 20 世纪 80 年代中期以后，国际上的计算机教育专家逐渐认识到掌握计算机这种工具比掌握程序设计语言更为重要，尤其进入 90 年代以后，多媒体技术、校园网络和 Internet 日益普及，于是中小学的计算机教育受到了很大影响而进入了第二阶段。第二阶段称之为"信息技术课程"，时间是从 90 年代中期至今，现在信息技术与课程整合可以说是信息技术课开展的一种比较好的模式，教育界对它的研究也日渐深入了[①]。

由此看出，计算机教育由单纯的语言学习转向工具学习确实是一大进步，但是，现在信息技术课程又包括什么内容呢，是不是能够满足人们的实际需要，也是值得人们深思的。从中小学开设的信息技术课程来看，其中涉及的计算机网络的内容很少，很少有专门开设有关 Internet 网络应用与网络安全等章节。

在信息化高度发展的今天，计算机真的成了一种文化，同时，Internet 网络也可以说成了一种文化，而文化是具有广泛性的，既涉及全社会的每一个人、每一个家庭，又涉及全社会的每一个行业、每一个应用领域。教育是人们社会的一个重要领域，教育是计算机网络这种文化传播的一种重要手段和途径，因此，在开展中小学计算机教育的时候，应该重视教育信息化的在其中的价值和地位，应该把网络文化潜藏在课程之中，而不是仅仅是为了达到某些教学目标。

2．大学计算机教育的发展

大学的计算机教育同样有 20 多年的历史了，从微机原理、语言程序设计，到计算机文化课程。但是由于近些年受到中小学信息技术教育多元化、专业化、低龄化的影响，大学的计算机课程也需要改革了。以前在大学里基本上开两个层面的课程：计算机文化基础、计算机应用信息系统。计算机文化基础包括 Windows、Word、Excel、PowerPoint、FrontPage 等，计算机应用信息系统(数据库 VisualFoxpro 等)。

显然，计算机文化基础与中小学的信息技术课有所重复，但是技术含量却是不一样的。尤其随着信息网络的发展，计算机技术本身的快速发展及应用的不断深入普及，大学生运用计算机和网络的人数也在迅速上升，但是他们到底会不会合理运用计算机和网络，对网络的认识有多少是值得深思的问题。

调查结果显示大学生上网基本上是根据自己需求利用网络资源，包括学习、工作、娱乐等，但是很少他们真正懂得网络知识的却不多，他们也只能在网络上提取现有的信息，但是这些信息的真伪以及提取方式和安全性知识比较缺乏。所以说他们还不能够合理充分利用网络资源，缺乏对网络知识的系统掌握。

(二) 计算机教育信息化发展的必要性

从上述中小学和大学的计算机教育可知，计算机教育是个连续的过程，是个

---

① 杨丽坤，韩军强．略谈计算机教育信息化的发展和实施途径[J]．计算机与信息技术，2007(08)．

不断发展的过程。并且从他们的课程设置来看，计算机教育信息化在计算机教育中的重视程度还是不够，比例很小。这样会引起以下几个问题：

(1) 中小学生陷入网络游戏之中，无所事事。
(2) 大学生掉在网络海洋中，无法识别和提取有用的资源。
(3) 无法对付网络的有害性攻击，遇到问题手足无措。

由此看出计算机教育信息化的必要性和重要性，为了适应网络社会，人们必须加强教育信息化，并不断完善和发展它。

并且，从上面的中小学和大学的教学内容上可以看出，计算机教育是个连续的过程，是个不断发展的、螺旋上升的过程。但是，大学和中学的计算机教育不能脱节，大学和中小学的计算机教育改革也是连在一起的，要改革必须同时改革，并且要合作改革，使计算机教育在人的教育过程中连贯起来，成为一个整体。因此大家对网络的认识还不够，更不会使用利用网络这种工具。如果想把网络作为一种有效的工具，人们必须掌握这些网络知识。

二、计算机教育信息化的实施途径

(1) 在中小学实施信息技术课和课程整合，是教与学的一种有效方法，但是学生对网络的认识和学习不够。因此，信息技术课是基础，在信息技术课中多加入些网络知识课程，对课程整合的实施和学生网络素质的提高都有好处。

(2) 大学中更要开设教育信息化应用。在大学的计算机相关专业都会开设类似于计算机网络与 Internet 网络应用的课程，但是一些文科专业却几乎没有该课程，我认为该课程应该作为一门公共课来开设。在大学中，计算机文化基础和计算机网络与 Internet 网络应用同样重要，都应该成为必修公共课，而计算机应用信息系统(数据库)类的就可以作为选修，有兴趣和必要的学生自己选择学习即可。

(3) 大学中学生自学是种很好的方式，普及计算机，使每个学生都有台电脑，他就会遇到很多网络问题，这种任务驱动的方法，促使他们自己去学习网络知识。

(4) 业余时间开展一些网络知识竞赛来激发学生对网络的好奇心和学习动力。比如北京举行的学生网络应用挑战赛，旨在通过比赛普及网络应用知识、建设校园网络文明，对推动网络普及、应用以及规范网络文明产生巨大作用。像这样的活动人们在中学和高校都可以适当地开展，这对教育信息化的普及会有很大影响。

(5) 开设培训班，使那些优秀或者对网络编程有兴趣的人们可以更加深入的学习。或者在职工作者和成人学习者可以通过这种途径来学习网络知识。

总之，网络已不是专业人士的专有特长，而是一种社会文化，是每个人都须具备的素养。在这个信息社会，没有网络，不懂网络，人们进行工作和学习

第四章　计算机技术作用于教育信息化的过程研究

都会遇到困难或者麻烦。教育是培养人的素养的一种重要手段，教育信息化是每个教育工作者的任务，人们一定要把它做好，这样的教育才真正地对社会尽到责任。

第三节　现代信息技术与课程整合探究

一、传统的教育课程教学中存在的弊端

在传统的教育课程教学中，许多教师只是运用一些软件把教学内容制作成演示课件，利用计算机、投影机等呈现出教学信息，使得信息技术成为一种单纯的演示和呈现知识的工具，而未能充分发挥信息技术的优势。这种方式的教学，难免存在着弊端：

(1) 依然是以教师为中心，学生成为外部刺激的被动接受者和知识灌输的对象，而未能完全调动学生对学习的主动性、积极性，使学生在学习过程中真正成为信息加工的主体和知识的主动建构者。

(2) 教学手段单一，没有恰当地使用多媒体、未能充分利用数字化的信息和发挥网络的优势，没有很好地实现丰富多彩的人机交互来反馈学生学习的结果。如果在具有交互功能的多媒体计算机或网络的学习环境中，学生则可以根据自己的学习基础和水平，来选择自己所感兴趣的学习内容进行学习，这种学习方式可以激发学生的主动性、积极性，优化教学效果，提高学生的学习质量。

(3) 教学资源不够丰富，常局限于课本的教学内容和单一的表现形式的信息，不具有适合各种知识基础的学生学习的多种信息表现形式的资源。即使提供了大量的学习资源网站，也有可能使学生陷入海量的信息搜索当中而感到茫然，不能迅速快捷地得到有用的信息资源以提高学习的效率。

(4) 学生之间的学习缺乏交流、协商、互动。这种弊端经常出现在教育课程教学中，不仅会影响学生对知识问题的深刻理解，还会阻碍学生对知识和技能的掌握，而且会使学生缺乏团队合作精神和实践创新的能力。

(5) 学生的学习过程依然是一种线性方式，学生按照教师安排的课程计划、步骤、内容等进行顺向学习，它不能适应不同学生的学习。如果利用计算机、网络、多媒体等信息技术，创造超文本、超媒体的非线性网状或混合结构的学习方式，将有助于提高所有学生的学习效率和能力，也能培养学生的创造性能力和发散性思维。从以上教育课程教学存在的这些弊端中，可以看出这些弊端大大影响了该门课程的教学效率和教学质量，乃至影响到教育在其他学科中的应用，阻碍了教育的现代化。

二、信息技术与教育课程整合的相关概念

(一) 信息技术

现在人们经常提到和使用最多的词,莫过于信息技术。信息技术就是指利用现代科技成果能实现获取、处理、编辑、存储、交流和呈现不同类型信息的技术。可以看出信息技术具有信息的获取存储、加工处理、呈现交流的特殊功能,而且信息技术的分类非常广泛,既有传统信息技术,例如印刷技术,它能记录存储文字信息,又有现代信息技术,它主要包括计算机技术、多媒体技术、网络技术、虚拟现实仿真技术、音像技术以及卫星广播电视技术等。如果在教育教学过程中充分利用信息技术,将能够培养学生掌控信息技术的能力,才能享有信息时代、数字化世界所带来的挑战和机遇。

(二) 信息技术与课程整合

关于信息技术与课程整合的定义,许多专家已作了各自详尽明晰的阐述。从这些定义中不难看出,信息技术与课程整合就是以现代先进的教育思想理论为指导,在数字化的学习环境中利用信息技术以进行课程教学过程,充分发挥信息技术、信息资源、人力资源的优势,促进以学生为中心的学习。这种教学过程不再是一种旧的教育方式、教学方法,而是对传统教学结构的改革创新,是学生在数字化的学习环境中,学会利用信息化资源对数字化的课程内容进行学习的过程。信息技术与课程的整合,不是简单的信息技术与课程的相加,而是二者合理有机的融合,是以计算机及网络为核心的信息技术与课程有效的整合。

(三) 教育

教育是指在现代教育理论指导下,充分利用现代信息技术,通过对教与学过程和教与学资源的设计、开发、利用、管理和评价,以实现教学最优化的理论和实践。它的重要特征,是应用了现代信息技术,应用了现代教育媒体,并且基于现代教育理论,目的是为了实现教育过程的最优化。教育公共课是面向高校师范生、培养未来教师的教育技能的一门重要课程。

进入 21 世纪,该课程面临着前所未有的机遇和挑战,时代要求该课程在教学内容上要更多地向信息教育技术倾斜,在教学手段上更多地采用多媒体和网络,在教学方法上注意学生主体作用的发挥,在教学策略上力求更多地利用网络让学生通过协作性、探索性、研究性的方法学习,培养他们的自主学习、研究能力,培养他们的创新精神和实践能力。所以,要使课程真正符合时代的要求,适应社会的需要,必须加大信息技术与教育课程整合的力度。

第四章 计算机技术作用于教育信息化的过程研究

三、建立基于网络的教育课程学习环境

建立教育课程学习环境，主要是基于网络环境下的研究性学习模式，即 Web Quest。Web Quest 是由美国圣地亚哥州立大学教育技术系教授伯尼·道格等人在 1995 年开发的一种课程计划。Web Quest 从研究性学习的角度出发，一般理解为网络专题的调查，它的方法主要是基于网络环境下，由教师引导，在一定的任务驱动下学生进行自主探究学习。Web Quest 包含有一些基本的模块，要求教师依据这种方法建立自己的 Web Quest 课程网页，其中资源模块部分是教师事先选定的，具有明确的指向性，以防止学生漫无边际地查询、搜索资源，而迷失在海量信息之中。因此，人们完全可以把 Web Quest 的这种方法应用在教育课程教学中，来建立教育的课程学习网页。

该课程学习网站中主要包括以下几大模块。

（一）知识展示

当学习者进入到这一课程的学习环境中时，首先应该让他们知道这门课程到底有哪些学习内容，整个课程的体系、框架结构是什么，只有这样，学习者在学习过程中才能做到心中有数、游刃有余。为此，在这一模块里，应该对教育课程内容进行分类，并且对每一分类后的知识点作简单介绍，以便学习者了解每一知识点的具体内容。对教育课程的内容可以这样来分类：

(1) 理论基础。理论基础学习理论、视听教育理论、传播理论和系统方法论。现代的学习理论又包括行为主义学习理论、认知主义学习理论、人本主义学习理论和建构主义学习理论。这一知识点主要涉及的是教育的理论基础。例如，传播理论，是信息传递过程中所依赖的传播规律，所以学生应掌握几种基本传播模式，比如香农-魏的传播模式、拉斯威尔的"5W"传播模式等。再比如学习理论，其中行为主义学习理论的主要代表人物是斯金纳，认为人的学习是刺激与反应的联结过程，即 S-R 联结说。而认知主义则认为学习是一种通过信息加工知识结构的再组织过程。人本主义则强调学习者应处在良好的人际关系中，进行主动学习。建构主义则注重教师创设情境，学习者在任务驱动下，借助于学习伙伴(老师或同学)的帮助，通过对知识的同化、顺化或平衡的过渡，来建构自己的知识结构。建构主义强调的是学生的主体性，注重学生的学，这是我国信息技术与课程整合的关键部分，即创建新的教学结构。同时，建构主义的学习环境也特别强调学习者的合作精神。所以，在设计该课程的网页时，则要充分利用计算机、网络等技术，提供多样的人机交互和丰富的教学资源，注意调动学生的主动性、积极性和协作性。

(2) 多媒体课件开发制作。在这一知识点中，学习者主要通过学习几种常用

的工具软件，掌握如何开发制作多媒体课件、建立自己的课程网站，以便师范生今后从事教学工作时，能够很好地运用教育软件进行教学活动过程，优化教学效果。在教育公共课中，主要学习的工具软件是 PowerPoint、PhotoShop、AuthorWare、Flash 以及简单的网页制作 FrontPage 或 DreamWeaver 等。

(3) 教学设计。作为公共课的这一知识点，只是简单介绍教学设计的过程，让学习者掌握在设计学科课程教学时，到底有哪些教学内容，重难点是什么，如何传递教学信息，这就需要教学设计。它的基本设计过程是：分析教学内容、确定教学目标、选择教学媒体、创设教学情境、指导自主学习、组织协作活动、确定教学要素关系、形成教学过程结构。

(二) 任务分析

在任务分析这一模块里，主要是对整个课程、每一单元的重点和难点以及学习者在每一知识点应完成什么任务，掌握什么内容，学习完成后具备什么样的能力，能做什么，进行具体分析。这就是经常所提到的任务驱动。有了任务，就会驱动学习者进行学习。学习者可以利用广泛、丰富的数字化信息资源，进行自主探索研究学习，发现问题、分析问题、解决问题，总结出规律，能在实践中应用。

(三) 活动过程

活动过程模块是信息技术与教育课程整合的关键，是建立基于网络的教育课程学习环境中最重点的部分，也是学习者学习的重心。

教师在设计学习活动过程时，可根据具体的教学内容，设计成课堂演示型、学生自主学习型、模拟实验型、训练复习型、教学游戏型等多种模式，并且充分利用多种数字化的媒体信息技术，比如用文字、图形、图像、声音、动画和视频影像等信息表现形式，通过人机交互作用，实现获取、处理、编辑、存储和展示教学信息，进行操练学习，也可以通过 BBS、E-mail 等网络通信工具，与老师、其他学生进行相互对话、协商、交流，参加各种各样的讨论活动，共同完成某一学习任务、掌握某一知识或技能。这种过程不仅能使学生对知识或问题有深刻的理解和掌握，又有自己的见解和看法，而且能够培养学生的发散思维、创新能力，又使他们能独立思考，还培养了学生的集体感和合作精神。学习者也可以借助工具平台，选择适应自己知识水平的教学内容，进行个别化学习，创设情境，充分发挥自己的主动性、积极性，搜寻信息化资源，选择、加工处理信息，构建自己新的知识结构。

(四) 素材资源

在这一模块里，主要提供大量的与该门课程相关的素材资源，可以以多种信息表现形式来提供，以便学习者查寻、阅读、选择和下载文字、图像、声音、各种动画以及视频影像等信息。比如，学习者在学习教育的理论基础时，对视听理论中的戴尔的"经验之塔"不够清楚，在素材资源里已提供了相关的文章和具体图表解释，学习者可以去阅读，直至完全掌握。再比如学习者在学习摄影时，不知道光圈和快门到底是如何影响曝光量的大小，那么人们在素材资源模块里提供大量的摄影作品，并标注上光圈和快门的大小，学习者可以进行对比，光圈大了是什么效果，快门速度快了是什么效果，曝光量合适又是什么样的效果。而且还可发进行人机交互，学生可以亲自检验自己学习的结果，旋转模拟相机的光圈环和快门速度盘，按动模拟相机的快门，拍摄的照片就会出现在屏幕上。通过这样的学习，学生很快就能掌握光圈和快门速度，而且也会提高实践操作能力。再比如学习者学习完一些工具软件，像Authorware、Flash等，想看一下别人的作品，自己可以模仿或进行创造性学习，同样在这一素材资源里提供丰富的动画作品、多媒体课件、学习网站。总之，素材资源的内容是丰富多彩的，能够充分发挥学习者的主动性和创造力。

（五）学习评价

学习者在基于网络的教育学习环境中学习，这种学习的过程及结果如何，人们还必须通过评价来检测该模式的教学效果，并对学习者的学习结果给予价值上的判断。

比如，在学习该门课程前，教师设计一些各种形式的测试题，让学习者先进行自我诊断，判断是否已具备学习该课程的能力，即诊断性评价。在每一单元后又有相应的测验，学习者通过人机交互、讨论或操作实验等方式来判断自己是否已达到或掌握了该部分所要求的知识、技能，即形成性评价。同样，在学习完教育整个课程后，有各种信息形式表现的大量测试题，学习者通过测验，教师对测量的结果给予价值上的判断，来评价学习者的学习是否达到了学习目标和要求，即总结性评价。

四、现代信息技术与教育课程整合的必要性

众所周知，当今世界，信息量急剧增长、更新加快，要跟上社会要求、时代步伐，则要提高全民族的信息素养，提高教育质量、教学效率，增强学生分析、处理和解决问题的能力。这就要求信息技术与具体学科要有机地结合起来，改变传统教学方式。而教育课程作为高校师范教育的一门必修公共课，是培养未来教师的教育能力的一门重要课程。该课程的教学质量如何，将对基础教育的教育现代化发展产生重要影响。所以，要进行信息技术与学科教学的整合，而教育公共课则是首当其冲，这是信息技术与其他学科进行整合的前提和基础。

第四节　人工智能技术在教育信息化中的应用

一、人工智能的概念

科技改变人类生活，人工智能作为计算机科学的一种，是对于人类思维的研究、开发，并利用计算机对人类思维进行模仿、延伸和扩展的计算机上所实现的智能。而关于人工智能的研究是涉及多个领域的，不仅包括对机器人、语言识别和图像识别的研究，还对自然语言处理和专家系统等方面进行了深入的探析。因此人工智能可以说是一门企图了解智能实质，进而生产制造出一种崭新的能够同人类智能一样做出反应的智能机器的研究[①]。

在人工智能技术诞生以来，关于人工智能的理论和技术目前在不断完善和改进之中，而人工智能在应用的领域上也在不断扩张，假以时日，未来人工智能生产的科技产品，作为人类智慧的模仿，将会更好地服务于大众。

二、人工智能的优势

（一）具备学习能力和处理非线性能力

人工智能技术的学习能力很强。网络中的信息量较大，信息和概念处于不同的层次，很多都比较简单。但是在低层次、简单信息的背后蕴含的信息具有较高的价值。怎么深入挖掘信息背后的价值，就需要对低层次的信息进行学习，通过解释、推理等措施逐步提升获得信息和概念的层次。也就意味着在解释、推理信息方面，人工智能技术发挥着无可替代的作用。人工智能还具有对非线性问题处理的能力。通过机器对人的智能进行高度相似的模仿，人具有很强的解决线性方面问题的能力，自然人工智能解决非线性问题的能力也很强。

（二）计算成本小

在人工智能进行计算的过程中，消耗的资源较少。控制算法是人工智能在运算过程中主要使用的算法，该算法具有非常快的运算速度和运算效率，可以一次性完成最优解的计算任务，从而节省很多计算资源。

---

① 黄丽萍. 人工智能技术在计算机教育信息化中的应用[J]. 计算机光盘软件与应用，2014(10).

三、人工智能系统的发展现状

（一）专家系统

就人工智能所要的研究领域而言，专家系统研究领域最活跃也最有效果，这是一种以知识为基础的系统，依托于人类专家的智力，去解决专家才能解决的问题，人们又把专家系统称为知识基系统，它以在特殊领域应用的知识规则的计算机系统为依托，这个领域的专家给出简单、明了并可以实际使用的规则，提升解决问题的能力。专家系统对专家自身处理故障、难题等思维方式进行模仿，在特殊情况下，处理问题的水平可以超越专家。

（二）模式识别

模式识别是一种特殊的识别模式，主要针对视觉、听觉，它让计算机具备一定的感知力，如扫描仪、指纹、ocr 软件识别等使用的都是这种模式进行识别。有些识别模式已经在军事、医学等方面使用，实践表明效果很好。

（三）机器人学

在人工智能研究的众多领域中最重要的一个领域当属机器人学，研发智能机器人是其主要的研究方向，机器人实际使用的领域不仅让智能机器人进一步扩大，还可以对工作的对象、环境、状态等进行识别，结合人类给的指令和自身的知识决定使用哪种方式工作，具有较好的适应环境力。

机器的思考方式和人类的思考方式有很大的区别，而机器学习的最终目的是让计算机拥有和人类一样的学习、思考模式。可以从以下几方面研究计算机的学习：对人们学习的原理、机制进行研究，针对人脑的思维过程以及机器学习的方式建立有针对性的学习系统。

（四）人工神经网络

人工神经网络简是类神经网络或神经网络的简称，该领域是人工智能未来应用的新领域，所谓的人工神经网络，是多个相互连接的神经元连接而成的网络，其自主学习的能力较强，善于多维的、复杂的非线性问题，解决定性和定量问题的能力也较强。除此之外，大量分布的人工神经网络具有较强的处理、分析、储存信息的能力。人工神经网络和计算机组合在一起共同构成智能化计算机。

四、计算机网络技术中应用人工智能的必要性

进入 21 世纪以来，随着计算机技术快速发展，全世界范围内越来越关注网络信息安全问题。网络管理系统在应用的过程中最重要也是人们最关注的两个功能

分别是网络监控和网络控制。及时并准确地获取信息决定了网络控制和网络监控功能的实现。在计算机刚出现的时候，由于网络数据不连续、不规则，计算机要想在其中分析并判断数据的真实性是很难的，所以，很有必要实现计算机网络技术的智能化。在 21 世纪，人们对网络安全管理提出了更高的要求，让自己的信息安全并不被侵犯的愿望越来越大。当今世界上出现的网络犯罪行为越来越多，要想让用户的信息更安全并通过技术有效地遏制犯罪活动，必须保障计算机具有敏锐的洞察力和迅速的反应力。借助人工智能技术建成的智能化管理系统，可以对信息进行自动的搜集并自动诊断网络故障，这对用户的信息安全而言极为有利。人工智能的应用被计算机技术的发展所决定，同时计算机技术的发展也离不开人工智能技术的促进作用，人工智能技术在计算机数据完善和处理上扮演着重要的角色，发挥着不可替代的作用。对不确定的信息，人工智能技术可以及时的处理，追踪动态变化的信息，让用户获得经过技术处理的信息；信息的写作以及整合的能力增强，网络管理的效率有效提升；具备交往的学习推理能力。总而言之，把人工智能引入计算机网络管理中具有较强的现实意义，网络管理的水平大幅度提升。

计算机网络技术中人工智能的应用具有明显、突出的优势，可以让计算机网络技术获得快速的发展和进步。当前，在计算机网络领域人工智能使用的范围极为广泛，在各个环节计算机网络技术都离不开人工智能。

(1) 企业管理方面。当前，在大部分企业的计算机网络技术中已经使用人工智能系统，防火墙可以自动识别并自发排除病毒，保障网络安全，如：自动报警系统、监控系统等，促使企业不被"侵犯"，这种人工智能技术在很多杀毒软件中都有应用，让企业在安全的环境中发展，如金山毒霸、360 安全卫士等。不仅有效地降低企业的管理成本，和以往相比，对网络数据进行有效的分析，检测网络入侵的过程中配置更加合理。由此可知，将来企业必定在人工智能技术帮助下。使用入侵检测技术详细的分析、分类、筛选网络数据，实现企业现代化、信息化管理的目标。

(2) 教学方面。如今，国内致力于对新课程的推进工作，现代教育教学涉及多方面的知识，其中最重要的一环为人工智能技术。和计算机技术已经呈现融合的局面，而在计算机网络系统中，计算机网络技术中存在潜在安全漏洞引入人工智能技术可以大幅度促进教学质量的提升。

五、计算机教育信息化

21 世纪作为信息时代，信息技术发展突飞猛进，而且因特网的铺建已经成为连接世界经济、文化等的重要工具，传统的观念逐渐被社会所淘汰，越来越多的生活方式和教育方式不断改变着人们的生产生活，计算机技术也成了人们生活必不可少的工具。

为了满足培养新时代下新新人才的需求，各类新型的教育模式渐渐地被推广开来，例如，现在人们所熟知的计算机教育信息化。目前来看，在我国的教育界中，对于理论和技能的培养大都依靠各类高职高专和高校，运用传统的教师和学生实际的面对面的授教为主，同计算机教育信息化相比，这种教育方式虽然效果更好，可以更加系统、更加规范、更加完善地培养出各类人才，但是在教育的投资上要求过高，在人才的培养和教育的投资比例中，教育投资过大，效益不高，而且受到时间和空间上的制约，不能将新型的全民教育、终身教育推广其中，在教育方式上灵活性很差。

也正是如此，计算机教育信息化被作为全民教育和终身教育的重要实践方式，因其广泛性、便利性和革命性，受到长足的推广重视。简单地讲，计算机教育信息化克服了传统教育对人才培养的限制，随时随地都可以通过计算机技术接入资源，进行学习，而且作为新兴的科技，人们对其是富有好奇心的，反之，好奇心作为人们学习了解的动力又可以帮助人们学习知识，但是同样地，事物的两面性决定了计算机教育信息化同样存在缺陷的一面。

六、教育信息化中存在的问题

在人们日常的计算机教育信息化以及实际的应用中依旧存在着方方面面的问题。

(1) 如果说计算机技术是连接世界的工具，那么计算机就是世界各地的人们进行交流互动的窗口，这一窗口存在各类不同的操作系统，而且各类操作系统拥有不同版本，在实际应用中，计算机教育信息化对于各类系统各个版本的支持存在缺陷，很难将自己的内容完完全全体现在"窗口"上，而且计算机教育信息化本身对于学生的导学和答疑手段都十分落后，受限于学生多、教师少、硬件等问题，不能一一解答学生心中疑惑，难以针对性地主动对学生完成教育。

(2) 计算机教育信息化在空间上过于分散，时间上又过分碎片化，难以系统地完成对学生们的教育培养，而且计算机教育信息化自主性较差，便携性也不高，在具体的实施上也很难达到理论上所说的与传统教育的差别。

(3) 计算机教育信息化可以说是一种开放性的教育，保证了每个人在学习中的公平性，但是计算机教育信息化对学生培养后的成果难以认证，不像传统考试能够做出客观性、公正性的评价，而且认证的成果是具有权威性的，计算机教育信息化因为自身的特性不能明显地确定教育的结果，更不能很好地保证教育后考试的公平性、客观性，社会对于计算机教育信息化结果也难以做到认可。

（4）计算机辅助教学系统简陋。作为计算机教育信息化的核心性的支撑系统，并没有完全地适应计算机教育信息化的需求，大量的课件都是初级水平的幻灯片或者由图片和文字组成的网页，虽然有个别的教育信息化采用视频方式，但是课程内容的更新也得不到重视，往往学生接受的计算机教育信息化都做不到实时的更新，而计算机技术是一门日新月异的技术，计算机技术教育却做不到定期的更新，这不得不说是一种讽刺。

七、人工智能是教育信息化成功的前提

（一）以人工智能为教学媒体

师生要以人工智能为主要教学媒体和工具进行教与学的活动，要求人工智能能够扮演教师、学习伙伴、助手等多个角色，发挥相应的作用。让老师能很容易地应用，减轻教学的负担，如更方便地讲解一些知识点，帮助其用更少的时间却能更高效地批改作业；能降低学生的学习负担，同时提高学习的效率。

（二）教育大数据的采集

人工智能技术离不开数据，教育数据的采集首先需要一个能把所有教学、学习行为数字化的教学环境，它应该包括云端、班级网端和教学移动终端，也就是人们通常所说的智慧教室。其次需要将这些已经形成的数字化信息进行个性分析整理，进一步数据化，最终形成有效数据，这也是教育数据采集最困难的地方。

（三）将教学活动结构化

人工智能能够轻易地优化和处理结构化的知识，通过层次结构和映射关系为学生提供最优的学习路径。但对于非结构化的职业教育体系来说，知识隐藏着不同的维度，这需要人工智能挖掘内在关系，把海量教师长期形成的优质教学过程数据化，再通过算法对数据进行挖掘，确定教学决策过程中的哪些环节或教师教学的行为能够被结构化，形成在数字环境中教学活动需要的数据，进行机器学习，形成各种模型，以构建学习智能系统的底层，指导学生学习，提升教学。

（四）教学资源收集

优质资源的收集主要来自计算机技术上教育云平台中已经累积的各种资源：制作精良、讲解透彻的微课和动画资源以及题库。这些资源筑建起强大的后台保障，构建成知识图谱，在教师授课时，可以实现资源的智能推送。

八、人工智能环境下教育模式的改变

（一）对教学进行综合测评

图像识别和语音识别是人工智能技术在教育应用中主要体现的两个方面。语音识别和语义分析技术的进步，使人工智能可以自动批改作业，帮助教师从"机械劳动"中解脱出来，让教师有更多的时间和精力关注教与学的过程。科研机构研发的机器阅卷技术，通过扫描阅卷和执笔阅卷等方式，实现阅卷过程的数据化和自动化，并形成一个即时的评价报告帮助教师和学生分析，对薄弱知识环节进行精准定位，不同的学习素材有针对性的进行推送，使学生节约有效的时间去做一些创新性的培训。

（二）个性化的学习

人工智能将传统课堂"从原理到应用"的教学方法转变为"从案例到原理"教学方法。而这种转变依赖于数据，通过大数据的收集，积累超千万学生的做题案例。同时通过每个学生在学习过程中呈现出的不同特点如科目的强弱项、学习知识和接受知识的能力、学习专注力的时间长度、对学习节奏的适应力等，对他们的学习特性进行个性描述分析。基于此为每个学生创建各自适应的学习体验，推送一对一教学，真正实现因人施教。如当学生阅读材料并回答问题时，根据其对知识的掌握给出相应资料，通过人工智能，明确什么方式学生更容易接受。而这种个性化的学习还可以为学生的专业选择提供高效服务，避免学生和家长在专业选择上的盲目性。

（三）智能辅导系统和互动学习环境

通过对智能辅导系统(ITS)、课堂一对多教学和一对一的教师辅导三者进行对比，发现 ITS 的效果比课堂教学好很多，和教师一对一辅导的效果相当。而人工智能构造的互动学习环境相比传统授课能给予更多的建设性学习，让学生自己决定学习课题，这使得学生在课堂的表现更主动、体现更多个性化、收到更多学生反馈。如在一些专业课课堂上，开展"弹幕教学"，在整个教学过程中，学生利用手机或平板电脑，通过网络随时发表疑问、提出自己的看法，这些内容会实时显示在大屏幕上。而授课的教师可以根据学生的反馈，随时调整授课内容和方式。

（四）通过仿真场景学习

人的能力包括分析能力、实践能力和创建能力。实践能力只能在生活中培养，而今天的这种课堂教学模式使实践的机会减少，学校开设的实训类课程跟企业真实技能生产有一定的差距，这种情况使得学生的实践能力变得越来越弱，而仿真可以弥补这种缺陷。它利用各种模拟手段，再现真实的工作场景，为学生提供一个无风险的学习专业知识和技能的环境和条件。医学模拟教育走到今天，载体已经从最初的基础解剖模型、局部功能训练模型到了后来的计算机辅助模型，尤其是目前利用的最为前沿的触觉感知技术虚拟培训系统和生理驱动型综合模拟模型。人工智能已经不再是一个概念，将先进的人工智能和大数据技术应用于教育信息化，通过人工智能技术，整合学校的优质学习资源，精准化、个性化地推送给每个学生，以实现因材施教、个性化教学的效果，必将改变教育行业的未来。

九、人工智能技术在教育信息化中的应用

人工智能技术应用在计算机教育信息化中，首先在教学的过程中，对于学生的教育是一个复杂的教和学生对知识的吸收的思维过程。在整个过程中，是需要教师运用其专业的知识储备和多年的教学经验作为依据，来完成在教学过程中帮助学生吸收知识、讲解知识、推理知识、举例演示，综合地帮助学生统筹完成学习任务。

以上是教师的任务，转换到计算机网络系统中，在其中就需要一个专业的教学型专家系统来完成对学生性格、学习能力以及基础知识的判断和处理，进而规划学生在计算机教育信息化中的具体学习方式。而这个专业的教学型专家就可以通过人工智能技术来实现，在计算机教育信息化中，引入人工智能技术势必成为日后计算机教育信息化的主流方式。

（一）智能决策支持系统

智能决策支持系统是人工智能技术在计算机教育信息化中的应用，可以有效地帮助决策者提供决策需求数据，以及各类的信息甚至背景材料，帮助决策者明确地拟定各类教学的目标，而且智能决策支持系统可以通过对各类信息的分析，构建不同的决策模型，为教学提供多重教育方案，大大削减了学生和教师的不必要时间，提升了教学的效率。目前智能决策系统已经在计算机教育中显现出了强有力的潜力和前景，所以在人工智能的计算机教育信息化应用中要深刻理解并运用其帮助决策。

（二）智能教学专家系统

智能教学专家系统可以为学生提供近似于实际传统教学中的授课环境，也就是说，智能教学专家系统是利用计算机在人工智能技术上的发展，来模拟教师在授课中的思维模式，配合先进的人工智能技术，搭载各类影音多媒体表现形式作为计算机教育信息化的手段，完成一种开放性的类似学生与教师之间关系的交互性的教学系统。在这一系统中，学生可以随时随地的根据自身所需向智能教学专

第四章　计算机技术作用于教育信息化的过程研究

家系统索取各类相关的知识,而智能教学专家系统在满足学生需求外,还可以从学生掌握的知识、目前的能力和学生自身的学习方式出发,因地制宜、因材施教地主动向学生反馈知识,这种互动建立在对学生的性格、知识、能力等的掌握上,可以最大化地帮助学生学习掌握更多的知识和技能,更好地完成教学任务,达到了无人化、区别教育的目的。

(三) 智能导学系统

智能导学系统是帮助计算机教育信息化实现的重要辅助手段,一个强大的智能导学系统可以更好地了解学生的现状,更好地帮助学生解决学习问题,在具体实施中,其是保证计算机教育信息化的有效开发、实际管理和具体实施的重要手段。智能导学系统旨在帮助学生建构更加良好的学习环境,帮助学生更加方便快捷地调动各类资源,更加深刻地享受计算机教育信息化为学生带来的全方位的便利服务。

第五节　软件开发技术应用于教育信息化

随着计算机技术的不断发展,特别是计算机网络技术的不断发展,催生了一种新型的教学模式——教育信息化,教育信息化需要依托于一定的技术支撑,计算机软件开发技术的日趋完善为教育信息化飞速发展提供了技术支持。

教育信息化是依托于计算机技术的基础上发展起来的一种新型教育形式。随着人们对教育信息化的重视,教育信息化在发展的过程中也呈现出了一定的局限性,迫切需要对计算机教育信息化的软件开发技术进行一定的更新与提升。计算机多媒体技术在教学领域的应用范围不断扩展,软件工程的重要性也随之突显出来。

一、计算机软件开发技术的现状及问题

20世纪五六十年代,手工软件开发是计算机软件开发技术的开发方式,手工软件开发的方式效率不高,消耗的时间长,满足不了用户的需求量。随着经济的发展、科技的进步,将计算机软件开发做了新的定义:计算机软件开发主要是为达到某种目的,运行计算机程序的方法以及规则。计算机软件技术主要由程序设计过程向软件过程发展,最后再由软件过程向软件工程发展。

当前,我国计算机开发软件的发展主要表现为:软件产业迅速崛起、软件人才队伍壮大、我国软件产业销售额增加。部分软件制作公司在金融危机为冲淡金融危机的消极影响,从而将国外的软件市场转移到了中国,中国的软件开发服务行业迅速兴起与扩大。随着软件产业的迅速发展,软件人才的需求也越来越大,

因此我国的人才培养方式也在不断改变，软件人才队伍得到不断的壮大。

当前计算机软件开发技术面临的问题主要有以下几个：

(1) 信用值计算问题。信用值计算问题是信用机制的关键点，信用机制不同，计算方法也会存在差异。一般采用的是乘性减、加性增的方法，采用加性增的方法处理信用度增加情况，采用乘性减的方法处理信用度减少的情况。这样可以有效遏制恶意节点，同时鼓励节点做更多的贡献。

(2) 数据的安全性问题。数据安全性包括数据传输的完整性和机密性。数据传输的完整性是指数据在传输的过程中没有信息损失或丢失的现象；机密性是指数据在传输的过程中不会被非法窃取等。

(3) 版权侵权问题。版权侵权问题是计算机软件开发技术中最突出的问题。当前计算机软件开发技术专业人员由于版权侵权问题，创造性和积极性大大地降低，进而使计算机软件开发工作停滞不前。

二、计算机软件技术开发的方式

（一）生命周期法

生命周期法主要是从时间的角度，对软件进行各维度的分解，并对分解的各个维度进行分析和改进。一般情况下，每个维度的进行都有自己的周期和方法，周期一般将持续大约六个月。

（二）原型化方法

传统的生命周期法，不仅要求软件技术开发人员将研发初期的研发相关资料进行严格认定，同时还要对一些具体的说明进行严格的定义。因此说传统的生命周期法并不适用于在初期概念比较模糊的软件。而原型化法就是研发人员原型化设计软件的要求，并于原型化系统研究的相关阶段，确定软件本身的要求，同时利用在之前的概念基础上建造原始系统、系统基础柱模，然后研发人员进行科学的评审。

（三）自动形式系统开发法

自动形式系统开发法是在第四代软件开发技术发展起来的软件开发形式，这个方法需要用户对要实现的目标和内容进行明确的说明，软件开发技术人员再根据用户的要求，自动完成计算机软件系统的编码设计。

三、计算机教育信息化的特点

计算机教育信息化是现代教育的一种新的形式，也是现代教育的一种重要补

第四章 计算机技术作用于教育信息化的过程研究

充。教育信息化的迅猛发展,一是依托于计算机网络技术、计算机软件技术的发展,二是因为教育信息化的自身优势。较之于传统的教育,教育信息化具备独特的优势,教育信息化可以充分提升学生的主体地位,学生可以根据自己的兴趣、爱好、学习、知识储备等选择丰富的教学资源,学生还可以根据自己的时间安排,合理地选择学习时间、学习地点、学习环境,此外,学生还可以自行地组建学习小组,及时地运用在线交互软件实现与教师的良性互动[①]。

总之,教育信息化可以极大地扩大课堂教学的信息量,提高课堂教学效率,多媒体教育信息化是通过多媒体教学信息的收集、传输、处理和共享来实现教学的教学模式,其实质是通过多媒体教学信息的传输和共享来实现教学。建立在网络基础上的多媒体系统,将多媒体技术与网络通信技术紧密地结合在一起,大大地扩展了单机多媒体系统的功能,促进了教育资源的有效利用。

四、软件开发技术在计算机教育信息化中的作用

教育信息化是一种新型的教育形式,这种教育形式的产生与运用离不开软件技术的支撑。随着教育信息化的不断扩展,现有的软件技术已经难以适应愈加丰富、愈加发展的教育信息化,因此亟待对软件技术进行优化设计,不断进行软件开发技术工作,努力研制新的网络软件,最终促进教育信息化水平的不断提升,促进教育信息化的更高更快的发展。

(一)教育资源库的开发为教育信息化提供了非常丰富的教学资源

教育信息化的应用与发展,离不开教育信息化资源库的支撑作用。可以说在教育信息化发展中,教育信息化资源库是根基。教育资源库的开发工作能够极大地丰富教育信息化的教学资源,能够实现教学资源的优化与整合,能够综合性地提升教育信息化的快速发展。

在教育资源库的开发工作中,多媒体教学系统的构建与开发设计,能够及时地将教师的讲课视频或者教师的讲课屏幕及相关的课件内容传递给网络面前的学生,使学生能够在教育信息化中,如同坐在教室中一样,身临其境地进行学习。各类学科资源库、开放式教育资源库、资源中心等教学资源与资源数据库的紧密结合,大大地提高了资源管理的效率。利用教学资源库的软件,学生无须紧紧盯着黑板,只需要通过计算机操作,就可以及时地、快速地捕捉教师的课程讲解,同时还能够定格教师的教课过程,通过系统回放、暂停等多功能软件,对学习过程中的难点内容进行反复的推敲与学习,加深学习的印象。对于很多教师而言,

---

① 张汉卿. 软件开发技术在计算机教育信息化中的重要性[J]. 现代交际,2015(07).

利用这种开发设计的教学软件，教师可以极大地节省课程备课的时间，可以全身心地投入到教学过程中，而且在教学过程中还可以实现一边教学一边辅导。

教育信息化的发展离不开软件开发技术的发展，通过教育资源库的设计，教师可以有效、顺利地按照教学计划的内容，进行合理的教学组织工作，学生也可以利用教育资源库进行知识的反复练习，不断提升学习的兴趣，不断提升学习质量。

（二）教学管理软件的开发提升了教育信息化的信息整合能力

在教育信息化中，教学资源的丰富性一方面为学习者提供了广袤的知识来源，但另一方面也给学习者带来了烦琐的信息。如何帮助学习者快速地通过教育信息化来查找相应的教学资源呢？在教育信息化中应该加强教学资源的信息管理，将教学资源科学有效地进行分类整理工作，加强信息的筛选与整合，提升了教学资源信息的利用效率。

在教育信息化中，应该构建完善的教育管理软件，通过开发设计教育管理软件，来实现教学资源与教学信息的分类整理工作。在传统的教育信息化教学资源管理中，往往由计算机操作人员进行人为管理，这种落后的管理方式，对教学资源信息的更新速度较慢，难以适应学习者的要求，因为针对同一条教学资源或教学信息，不同的学习者的学习效率有快有慢，因此如何把握信息更新的频率，这是人为管理方式难以权衡的。

在传统的教学资源管理中，管理效率低下、管理误差不断、管理手段落后等都严重制约着教育信息化的快速发展。因此在教育信息化中，进行教学信息管理软件的开发与设计，将人为管理的模式提升为信息化管理，既可以提升教学资源管理的效率，提升教学资源管理的质量，同时还可以极大地提升教学资源管理的科学性。

教学资源分类管理软件的开发，能够将复杂、错乱的教学资源进行有机整合，将教学资源按内容、主题、关键词等不同标准划分为统一的信息，并构建了相关信息的信息管理库，加强信息的筛选与超链接管理，学习者在进行教育信息化时，可以通过相关的搜索引擎进行针对性的课程搜索工作，并通过网页上的超链接进行相关内容的扩展。教学资源的更新管理软件，能够加强教学资源的定期更新，保障教学资源随时处于更新状态，为提升信息更新的精准性，在信息更新软件开发中，还设计了信息存储等辅助功能，新用户可以通过"历史消息"来查阅更新前的内容，而旧用户可以直接通过页面来进行新信息的查阅与浏览等工作。

总之，教学资源管理软件的开发设计，极大地提升了教育信息化中信息资源管理的效率和质量，加强了教育信息化中教学资源的优化与整合，综合提升了教育信息化的水平和质量，为学习者创设了科学良好的教学氛围。

第四章　计算机技术作用于教育信息化的过程研究

（三）学科分类软件的开发使教育信息化更具系统性

与传统教育一致，教育信息化也需要针对不同的学科进行有机的分类，通过分类处理软件的开发，能够将教育信息化中的教学资源按照相关的学科进行有机的分类与整理，能够按照学科体系的阶段性将教学资源进行优化整合，提升教育信息化的针对性和系统性。学习者在教育信息化中，可以通过分类软件进行教学资源的快速查找，同时还可以根据自己阶段学习目标，提前了解下一阶段的学习重点及难点，依托于现阶段的学习所得，重点加强对薄弱环节的侧重提升，以确保不同阶段学习的连贯性。

同时在教育信息化中，学科分类软件还可以针对学生的阶段性学习所得，进行科学的测试工作，以保证学生及时地发现自身的问题，及时地弥补自身的不足。另外，学科分类软件的应用，在细化知识分类的同时也为学生构建了良好的知识资源环境，研究网络环境下教师与学生的关系成为网络环境下教学模式构建的重要内容。

教育信息化是伴随着计算机网络技术及软件开发设计技术的发展而产生的，教育信息化具备传统教育不可比拟的优势，教育信息化的开放性、交互性、共享性等都使得教育信息化得以迅猛发展。不过在教育信息化的发展过程中，为了提升教育信息化的重要价值，越发需要软件开发技术的不断发展，教育资源库的开发能够为学生提供充足的教学资源，能够让教师在授课的过程中进行教学指导工作，教学资源管理软件的开发能够提升教育信息化的管理水平，学科分类软件的开发能够让学生利用教育信息化更加有系统性和针对性。

第五章 现代教育创新的主要舞台
——网络教学平台

网络教学平台在原来教学系统的基础上，从对教学过程(课件的制作与发布、教学组织、教学交互、学习支持和教学评价)的全面支持，到教学的组织管理(用户与课程的管理)，再到与网络教学资源库及其管理系统的整合，集成了网络教学需要的主要子系统，构建了一个比较完整的网上教学支撑环境，是现代教育创新的新应用。本章从网络教学平台的界定和功能入手，理清人们对于网络教学平台概念的掌握，并对发展中出现的问题、特点，提出适宜平台发展的具体策略，如提高教学资源设计质量的手段、对平台交互功能的创新等，并基于网络教学平台建构混合学习模式，为平台更好地发展提出具体、可行的应用模式。

第一节 网络教学平台的界定与功能

一、网络教学平台的界定

网络教学平台，又称网络教学支持平台，有广义和狭义之分。广义的网络教学平台既包括支持网络教学的硬件设施、设备，又包括了支持网络教学的软件系统。狭义的网络教学平台是指建立在 Internet 基础之上，为网络教学提供全面支持服务的软件系统。网络教学平台是一个学习平台，而非教学服务网站。平台将课程作为核心，每一门课程都具有独立的资源区、交流区、管理区和学习区等。不同的网络教学平台功能不相同，但均能够给教师和学生提供大容量、高稳定和易操作的网络教学资源。

二、网络教学平台设计的原则

首先，在网络教学平台设计前要对高校师生的需求进行分析。由于不同高校的管理模式有所不同，对网络教学建设和管理平台建设的要求也不尽相同，因此，高校在开展信息化建设和管理平台建设时一定要因地制宜，根据高校自身的实际情况来设计相应的教学平台功能。其次，建设的教学管理平台一定要简单适用。

通过对各大网站进行分析可知，越是受欢迎的网站，其界面越清晰。因此，在高校教学管理平台设计中，平台的功能模块要清晰，使人一目了然，能够快速找到自己需要的内容，使用者在较短的时间内能够上手操作。再次，在教学管理平台的建设过程中，一定要完善各项规章制度，明确各个岗位的职责权限，使教学管理工作的各项流程日趋规范化、简单化。最后，教学管理信息平台要具有可扩展性。高校要对现行的、与高校教学管理工作有关的系统进行整合，开发衔接的模块，从而保证高校整个数据库信息自上而下的统一和完整。最后，高校教学管理信息平台要以校园网络为基础，开发出数据收集和信息反馈系统，并在后期根据高校的实际情况进行优化，使高校的教学管理工作更加透明化、公开化。

三、网络教学平台设计的功能

（一）内容资源管理功能

网络教学平台中的内容资源管理功能可以实现课程学习内容和学习辅助工具的分离；可以兼容多种文件格式，使诸如 Word、Excel、PowerPoint 以及图形、音频、视频等多种资源轻松分享；可以接收、审阅、管理学生作业以及学生之间的资料互换；发布通知、提醒重要日程安排、查看任务的实施情况；可以随时随地上网学习。这一功能属于网络教学平台中核心和基础的功能，而且教师只需掌握浏览器的使用、电子邮件的收发便可以轻松管理课程。

（二）在线交流功能

沟通与交流是网络教学平台最重要的功能之一。大多数平台都具有讨论区、虚拟教室和群发邮件这三种在线交流功能。讨论区：通过在线论坛，教师可以调动和激发学生以提问方式进行学习；虚拟教室：通过聊天等交流工具，实现在线辅导、答疑、课程内容展示等功能；群发邮件：可以按照课程建群、用户身份建群，邮件通过群组自动生成并发送。通过网络教学平台在线交流功能还可以实现同步教学、异步教学、教师引导下的学生自主学习等多种教学模式。

（三）考核管理功能

在学生网络学习过程中进行考核是非面对面学习中最好的及时反馈方式之一，也是提高学生积极性和监控学生学习过程的最佳方式之一。通过网络教学平台的考核管理功能，教师可以进行试题库管理、创建实时测验、定时测验和建立在线成绩簿。试题库管理方面，平台可以提供多种题型，教师根据教学内容完全能够制定个性化试题；创建实时测验方面，平台可以对学生实时完成的考核自动打分，使学生第一时间得到考核分数；定时测验方面，教师可以通过平台自行设定考核的开始时间和终止时间，使考核更加具有开放性；建立在线成绩簿方面，教师可以对成绩进行分类索引，随时查阅评分细目。

（四）系统管理功能

在网络教学平台登录的用户有管理员、教师和学生。系统管理功能主要是针对教师和管理员的。这种功能主要包括：系统注册和课程的创建；适时更新发布资源、跟踪学习过程、统计学习效果；课程的题库、资源的整体管理，使资源实现最大共享；题库、考评体系的管理；各种模块的拓展管理等。

第二节 打造适合于师范教育特点的网络教学平台

一、网络教学平台存在的问题

（一）交互性不强

目前的教学平台像一个信息中心，教师发布课件、布置作业，学生下载资料，虽然大多数平台有互动板块，但多数停留在学生留言教师回复的层次上，学生的学习活动仍是孤立的，只是与计算机对话而缺少人的实体参与，缺乏交互性。

（二）监控性弱

目前的教学平台更多是将传统的黑板搬到了网上，不能有效地记录学生的学习情况、学习状态和学习过程，只是通过测试题将学习结果展示在教师的面前，而对学生的学习过程缺乏有效的监督。

（三）缺少评价和反馈

评价与反馈是教学中不可或缺的环节。新课标要求注重过程性评价，而作为培养中小学师资的师范院校来说更要注意过程性评价的应用，在辅助教学平台上应该有所体现。就目前网络教学的评价方式而言，仅限于教师对学习者考试和作业的评价，评价的形式一般是选择题、判断题和问题简答型的主观题，缺乏问题解决型的练习题以及学习过程的评价。但基于问题简答方式的主观题更注重学习者知识的掌握、知识的再组织，并不是学习者解决问题的能力，而且这种题目大多是采用教师人工改卷的方法，使学习者不能及时得到反馈信息，降低了学习者的热情。

二、师范院校网络教学平台的特点

针对目前高校网络教学平台中存在的问题，结合目前师范院校的培养目标，

第五章 现代教育创新的主要舞台——网络教学平台

师院院校网络教学平台应该具备下述特点。

(一) 突出过程

学习过程的记录是评价学习者学习态度以及学习方式的最佳表现手段。从新课标的要求出发，针对培养中小学师资的高等师范院校的准教师，需要对学生的学习过程进行监控和评价。

(二) 强调研究

教育部、财政部颁布的《关于实施高等学校本科教学质量与教学改革工程的意见》文件中明确指出："以倡导启发式教学和研究性学习为核心，探索教学理念、培养模式和管理机构的全方位创新。"可见，高等学校也必须将研究性学习作为教学核心。尤其是作为辅助教学的网络教学平台上也需要突出研究性学习的思想，强调课题研究，从而提高师范生的研究能力以及探究能力。

三、师范院校计算机教学平台的构建

当前，网络教学平台功能设计大多由教师功能模块、学生功能模块、管理员功能模块组成。教师功能模块与学生功能模块是相对应的，主要包含以下几个模块。

(1) 课程公告信息：教师可以发布某阶段的课程公告信息，以便学生及时查看课程公告得知和学习相关的教学信息。

(2) 资料管理：教学平台上的资料包括教学资料和学习资料。教师可以发布和教学相关的电子课件、电子视频、电子作业以及学习资源，学生可以下载阅读电子课件以及在线下载作业并上传。

(3) 在线讨论：采用 BBS 的形式进行讨论，提问和回答的过程是异步的，师生、生生可以相互讨论问题以便进行解答。

(4) 在线测试：教师可以实现期末考试的无纸化，学生通过网络完成测试，并且可以查询测试结果。管理员功能模块主要包括公告管理、讨论区管理、用户管理和课程管理。主要实现帖子的删除和修改，课程的添加、删除、审核和修改，用户管理主要包括系统管理员、教师和学生的管理。管理员可以对所有人员进行添加、删除、修改和查询，并且可以对教师的权限进行分配。这样的网络教学平台虽然能满足一般学校的要求，但对于目前的师范院校而言，教育部多次强调要以创新教育和研究性学习为核心，培养满足新课标要求的中小学师资，针对目前新课标的要求以及对师范生的要求，在教学平台上应该突出"以学为中心、突出学习过程，强调研究环节"。因此在以上教学平台的基础上，应添加以下两个模块来更好地辅助师范生学习。一是学习过程评价模块，二是研究性学习模块。

网络教学不仅意味着教学材料和教学内容的在线发布，而更多是指网络对教学全过程的支持。针对远程教学中师生在时空上分离的特点，需要提供学生与教师之间、学生与学习伙伴之间的充分沟通与交流，需要记录、分析和采集远程教学中，学习者学习过程中的相应数据，并对采集的数据进行加工处理，从而实现对学生进行评价，最终提出具有指导性的反馈意见，以便学习者纠正以往的学习方法、态度和积极性等，从而保证网络教学质量。因此网络教学平台需要有学生学习评价系统来保证网络教学质量，网络平台如果不能很好解决评价问题就难以保证网络教学质量。

学生的学习成绩不仅仅由最终的测评成绩得出，应该加上平常的学习过程。学习过程的评价通过学生的在线学习时间、单元测试、作业成绩以及在 BBS 上提出问题的次数、提交作业的次数、讨论区浏览次数、讨论区回复次数、上传资料排名和下载资料排名构成。主要包括以下 4 项功能：

(1) 在线时间。教学平台对于学习自觉的学生来说是一个很好的辅助学习平台，而对于自主学习能力比较差的学生则不能进行很好的监控，在线时间相当于学习时间，可以作为考勤的一个依据，人们把系统设计成和中国知网一样，一旦超过了一定时间不操作就自动断线，从而避免学生以"挂线"的名义来获得虚假的在线时间，这样才能保证学生使用网络教学平台并有效使用网络教学平台。

(2) 单元测试过关。将在线测试细化成单元测试过关，如果一个单元测试不及格，将不能进入下一个单元的学习，这就有效地避免了考试抄袭，并且学生每个单元的测试情况也可以作为教师评测学习过程的一个方面。

(3) 作业成绩。作业是引导学生自学的一种有效方式。学生如果单元测试通不过就不能下载下一章节的作业题，因此提交作业并给出作业成绩会激励学生课下自主学习的习惯，同时也可以根据作业提交的时间来评价学生的学习态度，也是评测学生学习过程的一个方面。

(4) 量化评测。主要包括提出问题的次数、提交作业的次数、讨论区浏览和回复次数、上传和下载资源次数。这些都是平常登陆学习平台时留下的痕迹，量化后作为学生平时成绩的一部分。

第三节　提高教学资源设计的质量，突出设计资源的创新性

一、网络教学资源的设计原理

教学设计是对教学资源和教学过程进行规划的过程，它是运用系统方法来分

第五章 现代教育创新的主要舞台——网络教学平台

析教学问题，确定教学目标，建立解决问题的策略方案，并试行教学应用、评价试行结果和对设计方案进行修正的系统规划过程。由于网络教学主要以学习者的个别化学习为主，因此它在网络教学中的意义主要体现在网络教学资源的设计与开发之中。网络教学设计是以系统方法为基础，以学与教的有关理论为依据，通过对教学内容和教学目标的分析，来确定适应一定学习情景的教学资源开发模型和教学信息呈现的控制方式、交互方式以及反馈方式等，从而为学习者使用网络资源进行远程学习提供一些有效的学习策略选择方式。网络教学资源的设计与开发应当遵循课程与教材开发的基本原理。

泰勒于20世纪30年代经过长达8年的教育实验，在《课程与教学的基本原理》一书中系统地总结了课程与教学开发的整个过程，并提出了"确定教学目标—选择学习经验—组织学习经验—评价学习结果"的课程开发编制程序。这就是被誉为课程论研究经典原理的"泰勒模型"。泰勒认为，学习经验是指学习者与学习环境中外部条件之间的相互作用；教师可以通过安排环境和构建情景为学生提供有意义的学习经验；学生是学习过程的主动参与者；教师控制学习经验的方法，是通过构建能够引发学生作出预期学习反应的情景的方式来控制学习环境。泰勒原理的基本模型从教学目标的确立，学习经验的选择，学习经验的组织以及对学习经验的效果评价等四个方面系统地论述课程与教学开发的整个过程。这一模型的描述虽然是线性的，但是，通过经验组织构建的学习情境则可以是多维的。正如泰勒所指出，"教师要构建多方面的情景，以便有可能引发全体学生产生所期望的经验，或者是要使经验多样化，以便提供对每一个学生都可能有重要意义的经验。"

泰勒认为，学习经验的组织主要有两种方式，即垂直(纵向)组织和水平(横向)组织。垂直组织是指学习经验在不同等级上保持连续，而水平组织指的是学习经验在同一等级上保持一致。如初二地理课的学习经验应该与初一地理课的学习经验保持连续(垂直组织)，同时又应与初二其他学科(如生物、物理等)的学习经验保持一致(水平组织)。学习经验的有效组织有三个基本标准，即连续性、序列性及整合性。连续性指的是主要课程元素的垂直重复，序列性强调原有课程元素的扩展，而整合性则是指水平方向课程元素的组织。

二、网络媒介的基本属性

具有良好功能的教学设计必须考虑传播媒介的特殊属性。计算机技术网络作为一种强大的交互型超级媒体，它可以被设计成允许学生按照自己的方式去获取信息，这种自主选择的学习方式能够反映和支持学习者自己的联想思维。计算机技术是以多媒体方式链接的世界范围资源库，框架、图像图式和桌面是它的三个基本属性，而且是具有组织化能力的三种属性。它能够将文本文件与图形、声音、动画和视频元素等以一定的组织方式有机地结合在一起，并且能够与其他文件或多媒体元素进行相互链接。网络的框架结构能够动态地提供多屏性能，将屏面划分成两个或多个部分，每一部分都可以作为一个相对独立的屏面使用。通过框架结构用户可以在框面中对结构化信息滚动浏览；可以在学习主屏内容时链接到其他相关文件；另外用户还可以根据自己的需要调整屏面的大小，便于同时浏览不同的文件内容。图像图式包括各种视觉图形，如图标、几何图形、图片及视频图像等。每一个图式都能够被灵活地链接到一个独立的文件，用来说明概念、阐释原理、呈现过程或表达其他教学信息，以增强信息呈现的视觉化。用户通过改变图式的大小，可以调整屏面空间，并根据用户的观赏习惯来设定图像在屏面上的安放位置。桌面是由行列相交构成的二维型面，它为教学信息的呈现提供了一个组织化的界面结构，并且能够进行多维应用。桌面上的不同区域可以呈现不同的信息内容，每一个区域都能被超级链接到其他的文件，这为在一些重要概念之间建立水平(同一层级)或垂直(不同层级)的组织联系提供了便利条件。教学信息通过框面、图像图式和桌面等网络属性之间的不同组织方式，可以体现出不同的教学思想和教学原则。通过网络媒介呈现教学材料的目的很大程度上就在于：根据一定的教学理论和教学原则，通过对网络属性的秩序化和组织化，以多维方式来呈现不同的教学信息，从而在一定程度上为学习者提供对学习过程的自主控制。

三、网络教学资源的设计开发模型

教学设计的理论基础经历了从行为主义到认知主义的转变，近年来又出现了向建构主义发展的理论倾向。网络教学资源的设计与开发必须根据教学内容和学习方式的不同，确定与之相适应的理论依据。近年来，大量的教学设计模型已经被开发出来，并被实际应用于各种各样的学习者和不同的教学情景之中。根据教学设计的基本原理和泰勒的教学实验模型，网络教学资源的开发首先应该创作出一个教学内容的设计"蓝图"，即文字脚本。在文字脚本中应该根据网络技术的特点和教学的基本原则详细规划出每一个教学构件之间的相互关系。

设计开发的第一步工作是分析学习条件，明确教学目的，并细化教学内容，设计出教学流程图，确立具体的教学目标以及每一个通过网络传输的文件的教学意图，同时还要为文档的所有网页设计出一个统一的界面风格和课程结构。这不仅有利于保持整个文档的风格一致，而且还有利于学习者对文档的适应，不至于因网页风格紊乱或内容结构复杂而影响学生的学习情绪。

教学资源开发的第二步工作是进行文档设计。网络文档的每一页都应该包含所需的浏览帮助，从而能够使用户比较容易地在不同构件间来回移动，而不至于产生学习迷航。采用统一的界面设计有利于学习者将注意力集中于新的信息内容，

第五章 现代教育创新的主要舞台——网络教学平台

避免了因屏面格式的变化对学习过程的干扰。网络的超媒体链接功能为教学信息的呈现提供了多重维度，这就为学习者提供了不同的信息选择方式，因此学习者就可以以自己喜欢的方式来探究设定的主题，并可以在不同内容构件间形成一定的信息关联。信息链接的多维设计必须谨慎，联结的层次不宜过多，否则就可能会使学习者在使用过程中产生迷航现象，从而影响学习效果。

教学资源开发的第三步工作是对设计的网络文档进行试运行，并通过试行应用的结果来获取反馈信息，根据反馈信息对原来的教学设计进行调整或修改。最后，经过反复修改并通过审定的教学资源就可以载入计算机技术网络，在大范围内进行推广使用，并注意对网站进行维护管理、及时更新教学内容、及时对学习者出现的各种问题进行反馈指导。

四、网络教学资源的应用评价

试行评价阶段是教学资源开发的一个重要步骤。经过精心设计开发出的网络教学产品只有经过试行评价，才能检验产品的有效程度，并获取相应的修改反馈信息。在进行应用评价时，必须要有学科领域的教学专家、网络设计人员以及试用过初级产品的学生代表等共同参与，从而保证能够获得对教学软件的全面评价。

网络教学资源的应用评价可以从教学内容的设计、框架结构的设计、教学构件的设计以及用户界面的设计等多方面来进行。评价必须依据教学目的要求，认真分析试用的测试结果，并广泛征求试用者的反馈意见。这是因为实践检验是进行应用评价的一个非常重要的基本依据。教学内容的设计评价主要是检查教学内容的科学性、教学内容的结构分解正确与否、教学内容的选择是否考虑到了学习经验的组织要求(水平及垂直组织)等；框架结构的设计评价主要检查框架的动态性与灵活性、框面是否简洁明了、教学内容间的结构关系是否清晰明白等；教学构件的设计评价主要检查教学构件设计的科学性、教学构件应用的灵活性以及它们之间的链接跳转是否方便等；用户桌面的设计评价主要检查界面操作的交互性、桌面上各种主要内容之间的关系明了与否以及链接详细信息内容的附着结构的实用程度如何等。影视艺术的文化特性、美学特性、艺术特性以及中外影视艺术历史发展大的概貌等课程有利于提高影视艺术的鉴赏水平、掌握影视艺术的鉴赏方法和影视评论写作的基本知识、培养高尚健康的艺术修养与审美理想。课程开设后，反应热烈，深受学生们的欢迎。

利用电教机构和电教手段开展素质教育，主要有以下优势。

(1) 充分利用各种电教工具对学生进行教育，能更好更快地使学生形成正确的思想和道德观念。电视、电影等能用生动的形象把真理体现出来，使学生易于接受。学生对教师用一般原理的形式表达出来的论述，往往难于接受，而用鲜明、生动的生活形象,却能给他们留下不可磨灭的印象。

(2) 充分利用各种电教工具对学生进行教育,能促进学生良好素质的养成。电影、电视的屏幕,犹如"现实之窗",它能帮助学生认识生活,了解世界,明辨是、非、善、恶,为学生提供鲜明生动的生活形象,作为学生学习和模仿的对象,有效地促进学生良好行为的形成,提高学生的素质水平。

(3) 充分利用各种电教工具对学生进行教育,有助于学生道德情感和意志的培养。电影、电视形象的生动性与感染性,可以引起学生情感上的共鸣,激励学生不怕困难、勇敢坚毅的意志。从一定意义上讲,素质教育是一种培养品质高尚的人的教育,也就是教育学生如何做人,提高学生的人生境界,通过大量的审美活动,刺激科学灵感的产生,激发创造性。素质教育并非是一种简单的行为规范教育,所谓"做人",是指如何做一种高素质、高情操、高格调的高层次的人。就如何"做人"这一点来说,仅靠文化知识的传授是不能达到目的的,通过加强素质教育和文化知识的传授,两者有机结合,才能使高等学校培养的人是符合"三个面向"的创造型、智能型、复合型人才,才能达到教育的最终目标。

五、教学资源设计的创新性原则

(一) 以网站的形式组织资源

信息技术教学应用环境的基础是多媒体计算机和网络化环境,在学习过程中师生可以通过网站上提供的留言板或邮箱进行交流。

(二) 要满足分层教学需要

网站上提供的学习资源要满足"下要保底上不封顶"的分层教学需要。如果网站上提供的学习资源与学生的课堂学习内容贴的不近就很难激发学生使用数字化学习资源的动力,因此网站上不仅要提供基本的学习资源,最好还要提供教师的教案,以便指导学生如何使用学习资源。对学有余力的同学还应该提供高于课堂学习难度的拓展空间,使他们的潜能得到最大发挥。

(三) 要及时更新资源

教学过程是教与学互动的过程,要保证学习网站长久的生命力。教师在教学过程中如果发现某些学习资源已经不适合教学的需要就要及时更新。另外,学生在学习过程中的学习成果也可以为网站注入新的活力。这样的学习资源对学生的学习热情更有激发作用。对于学生学习方式的改变更有促进作用。

(四) 提倡师生共建资源

教学中总会出现教学难点单纯依靠文字很难突破。教师应从有利于学生的角度出发根据需要去搜集或制作相关的可供学生自主操作的课件并尽量选择和学生正在学习软件的或已经学过的软件同步。作为范例老师，可以引导有兴趣的学生将老师的课件或学生的作品再做进一步的改进完善和充实数字化学习的内容。让学生参与共建对学生来说可以起到榜样和激励的作用。

(五) 教学手段创新是保障

(1) 构建网络教学平台。由于多媒体技术和通信技术的飞速发展，国内外教育工作者应利用传媒与通信技术构建网络教学平台开展网络教学活动。主要有开通电视远程教育系统，以卫星传输为主、互联网传输为辅的教育系统双向 HFC 有线电视网络现代远程教育系统，视频会议系统等。

(2) 提高教师应用现代教育技术水平。网络教学不仅仅是将教学材料在网上发布而更多的是学生与教师之间、学生与学生之间的充分沟通与交流。由于网络教学教师与学生之间在空间上的分离，这种沟通与交流就显得尤为重要，另外，传统教学过程中一些保证教学质量的关键环节如作业、考试、图书馆、笔记记录等都应该能够在网上得到很好的支持。所有的沟通与交流以及关键教学环节的支持都需要一些专用的工具来支持，而现有网络技术并没有提供这些工具，因此需要进行工具开发。此外，网上交互式的程序设计是一般非计算机专业教师所难以做到的，因此迫切需要一套网上的教学支持平台为教师在网上实施教学提供全面的工具支持，屏蔽程序设计的复杂性，使得教师能够集中精力于教学，也使得网上教学从简单的教学信息发布变成一个充满交互与交流的虚拟学习社区。

(3) 加强对学生的技能培训。在当今社会强调专业技术、强调动手能力、强调技能培养的情况下通过技能培训使学生掌握当今世界信息技术，提高实际动手能力。数字化学习既充满机遇又富于挑战，特别是在我国加入 WTO 的情况下一些发达国家的教育机构将借助于网络教学进入我国的教育领域。

第四节　应用网络教学平台中的交互功能，突出手段创新

一、网络学习平台的教学活动

制定教学交互策略要围绕影响教学交互活动质量的诸多因素展开。在基于网络学习平台的教学活动中，主要包括学生、教师以及网络学习平台三大要素，其中，学生是教学活动的主体，教师是教学交互活动的设计者和组织者、学生

学习活动的指导者和帮助者，而网络学习平台不仅为教师教、学生学的活动提供各类学习资源，而且更是教师和学生之间交流和沟通的桥梁和纽带；不仅为课堂教学开展多种形式的活动提供支持，而且更为延伸课堂教学的课外辅助学习提供了空间。

（一）网络教学平台

作为连接教师、学生、学习资源三者之间的"接口"，虽不是影响教学交互质量的重要因素，但也是第一因素，其对教学交互质量的影响主要体现在：平台的导航、界面设计等特性。即平台是否提供了清晰的导航，能使师生以无障碍、自然化的状态轻松自如地进入平台开展教学活动，避免平台使用中的信息迷航现象，减少参与者的认知负荷；是否提供了既符合课程特点又符合学生特征和需求的界面设计，以吸引学生参与交互活动的兴趣并保证认知活动的顺利、深入进行。平台提供的交互功能。其一，平台是否具有自动记录跟踪学生学习过程、及时反馈并提供学习指导等智能机制。及时的反馈与学习指导帮助等智能化机制一方面减少了学生学习过程中的无助感、增强了其学习的自信心；另一方面解决了传统课堂教学中班级人数多、难以实施个别指导的矛盾。其二，平台是否提供了既实用有效、学生又乐于使用的交互工具，即交互工具的选择一方面要考虑是否满足学生与内容、他人的交互需求，另一方面要考虑学生的喜好和特点。平台提供学习资源的内容、数量、呈现方式等是否满足学生的兴趣、求知欲或其他需求，都会影响其参与教学交互活动的积极性和主动性，从而进一步影响教学交互活动的质量。

（二）学生

基于网络平台的教学交互策略设计的最终目的是为了促进学生的学习，而学生作为整个教学交互活动的主体，其自身所具有的认知、情感等特征以及其对网络教学交互活动的熟悉、适应、满意程度等都将影响教学交互活动的质量。学生的已有知识、技能，不同专业、不同年级的学生对平台的满意度存在较显著差异，说明不同学科背景和不同的计算机操作技能影响学生对网络教学平台的认识和使用。此外，在与部分学生的交谈中了解到，学生对网络教学平台操作的熟练程度、对基于平台的教学活动的认识和适应程度等都将影响其参与教学交互活动的积极性，且随着教学活动的展开，这方面的影响将逐渐减少。针对这两个问题，普遍被认可的做法是：一方面提供"网络教学平台使用指南"和"学习指导"，以消除学生已有知识、技能以及网络学习经验等对开展基于网络平台的教学交互活动的影响；另一方面通过组织有趣、小步骤的学习活动来增加学生基于网络平台学习的成功体验，增强其学习的自我效能感，以促进后

第五章　现代教育创新的主要舞台——网络教学平台

继教学交互活动的有效开展。学生的情感需求方面，即学生在教学交互活动中希望受到关注、鼓励等情感需求是否得到满足；学生与他人能否充分交流；学生在教学交互活动中是否常常有孤独感等。教学交互活动的组织方面，基于网络平台教学交互活动的设计与组织是否满足学生的认知需求、是否满足不同学习风格学生的需求、是否满足学生对能力提高的需求等，都将影响其对教学交互活动参与的积极性、主动性以及参与程度。

（三）教师

教师作为教学交互活动的设计者、组织者以及学生学习过程的指导者和帮助者，其对教学交互质量的影响主要包括教师的观念、态度。随着计算机和网络的普及，教师的信息技能对教学交互活动质量的影响在逐渐弱化，而教师对教学的观念、态度，尤其是对基于网络平台开展教学活动的观念和态度是影响整个教学交互活动质量的重要因素之一。如果教师能积极、有效地设计与组织教学活动，且能对学生的参与给予及时、鼓励性的反馈，则学生参与教学交互活动的积极性和主动性得以提升，进而使整个教学交互活动处于一个良性的动态循环之中。在基于网络平台的教学活动中，教师除了要花费比普通教学更多的精力去设计学习任务、寻找学习资源并组织教学交互活动外，还要耗费更多的时间去关注学生的课外问题讨论，甚至要花费大量的时间和精力去处理论坛中的无用信息，机械、繁杂、超量的课余工作使大部分教师对基于网络平台的教学活动颇感"头痛"。

虽然许多学校采取了配置专职辅导教师的做法，但未能从根本上解决问题。同时，对教师工作量、工作成绩的评价还是停留在传统的、仅仅对其课堂教学的评价上。工作量的增加、评价制度的滞后无疑会使教师感到"工作不被认可"，打击其利用网络平台组织教学的积极性和主动性。概括地讲，影响基于网络平台教学交互活动质量的因素主要包括网络学习平台的设计和基于平台的教学交互活动的组织与实施两大内容，而教学交互活动的组织与实施又涉及学生的个体特征(如已有知识、技能、动机和情感需求等)、教学交互活动本身(如交互活动的形式、活动的氛围、讨论主题的选择等)及教师(如教师的观念态度、对学生问题与作业的反馈等)三个因素。

网络教学平台中交互功能模块的设计，一要遵循"无障碍化、自然化"的原则，即提供简捷、适用、易操作的交互方式，消除学生已有知识、技能等对其参与教学交互活动的影响；二是交互工具的选择要与平台的应用方式、学生的喜好相结合，如在广泛使用且被普遍认为有效的 BBS 交互工具中嵌入学生喜欢的 QQ 或短信形式，同时在实践中进一步挖掘像 BBS，Blog 这些交互工具的教学应用价值；三是进一步智能化的原则。

二、宏观层面教学交互策略

在调查中了解到，学生希望通过基于网络平台的教学交互活动来提高其信息处理能力、网络应用能力及交流协作能力等，而不只是获得认知。因此，应根据学生的不同需求确定不同类型、不同层次的教学交互目标，并与教学交互活动的设计与组织相结合。在以获得认知为主要目标的交互活动中，活动设计与组织的重点是提供符合学生需求和认知特点的各类学习资源，并指导学习过程有序进行，而在讨论、探究及小组合作等形式的教学交互活动中，活动的主要目标是通过与课程相关的主题讨论或合作任务发展学生的批判性、创造性思维能力及问题解决能力，并在活动中培养他们的协作精神。

（一）认知交互与情感交互相结合

教学的重要功能就是促进学生的认知结构发生改变。基于网络平台的教学交互活动中，认知交互发生在学生与课程资源的内容交互之中，而学生与教师、学生与学生之间进行情感交互的最终目的也是为了促进学生的认知，情感交互的内容也是围绕课程资源展开。已有研究和实践表明，高水平的情感交互导致学生对学习的动机增强、态度更为积极，益于有意义学习的产生与开展。在学生与课程资源的认知交互活动中，要注重挖掘课程资源本身所蕴含的情感成分，如充分发挥多媒体和网络的整合技术，用文字、声音、动画和图像等将教材中的情感因素具体、形象、直观地展现出来。此外，在学生与教师、学生与学生之间的情感交互中，更要重视鼓励、关注、肯定性评价等情感因素对学生参与交互活动积极性和参与程度的影响，以情感促认知，保证教学交互活动的有效开展。

（二）学生主体与教师主导相结合

在基于网络平台的教学交互活动中，学生是学习活动的主体，教师是学生学习的组织者、指导者和帮助者。网络平台丰富的课程资源和多样化的活动形式满足了学生自主学习的需求，增强了学生学习的积极性和主动性，但在已有的教学交互活动中教师的作用仅仅体现在提供与更新学习资源、答疑、布置与批改作业、发布讨论主题或学习任务等，其对学习活动的指导作用并未真正发挥出来。倡导学生主体与教师主导相结合，就是既要发挥学生的主动性和积极性，又要发挥教师对学生学习活动的指导和帮助作用。教师的指导作用不仅体现在提供与更新学习资源、答疑、布置与批改作业等基本教学交互活动中，而且更多地要体现在对教学交互活动的设计、组织、有效引导与积极促进之中。

（三）交互数量与交互质量相结合

将学生参与网络学习平台的时间、频率以及在讨论活动中发帖的数量、帖子长度等作为考核学生课程学习成绩的一项指标,固然可在一定程度上促进学生参与教学交互活动的积极性,但导致评价只重视数量而忽视质量,不利于学生内在学习动机的激发和深层次有意义学习的开展。对学生参与教学交互活动的评价,不应只注重学习时间、发帖数量等外在特征,而应将交互数量和交互质量相结合,尤其重视对交互质量的评价,如学生在小组协作活动中的贡献、在讨论活动中的参与程度、观点的新颖性和创造性等。

三、微观层面教学策略的创新设计体系

(一) 先行组织者策略

先行组织者策略是指安排在学习任务之前呈现给学生的引导性材料,比学习任务具有更高一层的抽象性;提供先行组织者的目的就在于用先前学过的材料去解释、整合和联系当前学习任务中的材料,并帮助学生区分新材料和以前学过的材料。先行组织者的呈现形式多样,既可用文字说明,也可用语言指导的形式、图片、动画、视音频素材等多媒体的形式来呈现,具体呈现形式视学生年龄特征、认知特点、教学条件等各种内外因素而定。在传统教学情境下,提供先行组织者的主要目的是将学生的已有知识、经验和要学习的新材料联系起来,促进学生的意义建构。在网络学习环境中,学生除了认知方面的差异外,其计算机操作技能、网络学习经验等也存在较大差异,他们不仅影响学生对新知识的意义建构,而且影响其参与网络平台学习、交流的积极性和学习效果。在基于网络平台的教学交互活动中,可通过提供学习指导、网络教学平台使用指南或观摩基于网络平台实施教学交互活动的成功案例,来消除学生已有背景知识、计算机操作技能、基于网络平台的学习经验等方面存在的差异,弥补不足。

(二) 动机策略

在基于网络平台的教学交互活动中,学习动机影响学生参与教学交互活动的积极性、主动性和参与程度,进而最终影响其学习效果。在学习活动开始之前,要注重通过创设生动、有趣的教学情境等激发学生参与教学交互活动的兴趣和积极性;在学习活动开展过程中,应通过富有创意的活动等唤起学生、稳定、持久的内在动机,以确保教学交互活动的有效展开。

(1) 动机的激发策略。其目的是激发学生参与交互活动的兴趣。如提供示例、创设学习活动的情境,让学生自然进入交互活动之中;通过设置带有疑问、悬念的问题激发学生的好奇心和求知欲;问题或学习任务的设计从学生生活实际或所关注的问题出发。

(2) 动机的维持策略。其目的是在活动过程中不断调动学生参与的积极性和

主动性，引导教学交互活动深入展开。如通过辩论，参与者交流个人观点、形成彼此之间的良性互动关系，从而激发新观念的产生或达成新的共识；让参与者轮流充当主持人或学习榜样在论坛中设计问题、组织讨论、总结发言等，可充分调动每个参与者的积极性和主动性。此外，及时的反馈、言语鼓励等可增强学生的自我效能感，激发其参与教学交互活动的内在动机，促进其参与教学交互活动的效果。

（三）情感策略

在针对学生个体特征、教学交互活动、教师三个因素的教学交互策略设计都包含情感策略，说明情感在教学交互活动中至关重要，它不仅影响参与者的积极性和主动性，而且影响认知活动的进程。情感融于影响教学交互活动质量的各个因素之中，亦贯穿教学交互活动的始终。活动开始之前，可通过发布学习倡议、相互介绍、问好来建立密切的网上交流群体。活动开展之中，一方面要转变师生角色，营造自由、民主、协商的交流氛围；另一方面要通过富有亲和力、温暖感的文字语言来传递信息，表达态度、情感；同时，要尽可能使用表情符号、音乐、动画等多种媒体信息来营造轻松有趣的交流氛围。此外，可单独开撰休闲论坛用以增强参与者学习活动之外的情感交流，并以此进一步促基于课程学习的教学交互活动的有效开展。在学生与学生、学生与教师的交互活动中，来自他人的鼓励及教师的参与和指导是影响学生参与交互活动积极性和参与程度的重要因素之一。关于学生之间相互尊重、相互关注的增强可通过一定的评价机制得以实现，而教师的参与和指导主要涉及两个问题：一是教师的参与程度。当教师参与过于活跃时，学生更多地倾向于同教师交流而忽略了和同伴的交流；当教师以权威的姿态出现时，学生易将教师的观点视为"绝对真理"而遏制其多样化观点的产生，甚至会导致讨论的终止；同时，如果教师不经常对学生发言进行评论，那么学生会因为其行为不被关注而减弱参与讨论的积极性和主动性。二是转变师生角色，师生角色的转变不只是主被动关系的转变，更是思想意识的转变。当教师作为学生时，学生会意识到教师并非是所有答案的绝对权威，对问题的解决方案也并非初始那么简单，这将引发学生之间更深入的探讨。

（四）对话策略

在基于网络平台的教学交互活动中，交流和沟通是整个教学活动的核心，信息的传递与知识的建构均是在交流过程中形成的，而"对话"则是交流和沟通的基本途径。教育中的对话有广义和狭义之分，广义的理解是把师生之间的任何语言交往与互动都视为对话；而狭义的理解则限定只有某一特定形式的师生语言交往与互动过程才可被称作对话。但一般而言，对话的内涵与精髓可以基于两个方

第五章 现代教育创新的主要舞台——网络教学平台

面的因素来考察,一是分析对话者之间是否形成了一种对话性的社会关系;二是看在对话过程中,意义是以什么样的方式来生成、流动和交换的。应用对话策略来设计基于网络平台的教学交互活动中的讨论,首先要建立平等、互相尊重、互相信任的对话关系。其次,为促进对话中意义的生成、流动和交换,对讨论的主题、活动方式和组织形式都要精心设计:讨论的主题应具有一定的争议或可讨论性,而非已成定论的知识;讨论的主题既可由教师、专家设定也可由学生在讨论中自行产生;讨论方式多样化(自由讨论、专题讨论、休闲论坛);以演讲、辩论、角色扮演等多样、丰富、有趣的形式组织讨论活动。真正的交互应围绕主题形成一系列持续的信息、交流,即参与者提出一个观点,其他成员针对同一主题作出或明确或模糊的进一步回答,如此反复、推进交互活动的深入开展,以最终形成对问题比较一致的认识而不只是陈述观点。

(五) 任务策略

网络环境不仅为学生提供了丰富的资源,而且为他们之间的协作、共享提供了强大支持。前文问卷调查的结果显示,学生亦希望通过基于网络平台的教学交互活动来提高信息处理能力、网络应用能力及交流协作能力,而基于任务的小组协作探究则是提高学生问题解决能力和培养其协作精神的最好的教学交互活动形式。在这类教学交互活动中,学习任务及与任务相关的小组构成等是活动设计的核心和关键。任务的设计要考虑任务的大小、难度、选题及相关资料的收集与获取等问题。任务大小要适中,对较大的任务应分阶段或划分为小任务分小组进行;任务难度要适中,既在学生已有知识、能力范围之内又具有一定的挑战性;任务的选题要有一定的开放性、要与学生生活经验、社会实践等密切相关;提供相关资源或相关资源方便查找。另外,在布置任务之前可提供相关背景资料,以使要完成的任务在学生经验可以理解的范围之内。

小组的构成亦是影响网络教学交互活动质量的因素之一,涉及小组的大小、成员组成、成员间的分工协作等。小组的大小要适中,过小易使成员感到疲惫、责任重大而对最终完成学习任务丧失信心;小组构成过大,人浮于事,容易使部分成员逃避责任,不利于发挥个体的积极性;根据实践经验,小组的大小以 4~10 人为宜,视任务大小而定。成员的组成要考虑性别、个体的认知风格和已有知识技能,使成员之间能构成认知上互补、互相促进,情感上互相帮助的良性关系。此外,对成员要明确分工,且成员间的任务要均衡。

(六) 规则策略

相对传统的课堂教学而言,基于网络平台的教学交互活动自由度大、结构较为松散,对参与教学交互活动的师生双方分别确定明确的规则是保证交互活动顺利、有序、有效进行的必要途径。其中，对教师的规定包括教师回复学生发言的时间和频率，如明确规定教师每周有多长时间或哪个固定时间段用来阅读、回复或参与学生讨论，对学生信息的回复最多不超过多长时间；教师反馈学生作业的时间期限。对学生的规定包括对讨论内容的规定，如围绕主题讨论内容的大致范围，哪些内容可引用已有资料，哪些内容必须是个人见解；对学生发帖子数量、内容长度的规定；对学生发帖的时间要求，如需要在哪一时间进行在线讨论、发布信息的最后期限。

(七) 评价策略

在基于网络平台的教学交互活动中，学生是活动的主体，教师是活动的设计者、组织者和学生学习过程的指导者、帮助者，因此评价分为对教师的评价和对学生的评价。从评价主体的角度来看，对教师的评价包括教师自我评价、学生评价、同行评价、权威或专家评价；对学生的评价包括自我评价、同伴评价、小组评价及教师评价。从评价内容的角度来看，对教师的评价包括提供资源的丰富性、合理性和易用性；教师对学生讨论的参与时间和频率；教师对学生讨论及协作探究活动的指导状况，如是否提供了资源等方面的帮助、对讨论活动是否进行总结和引导，是否提供学习方法、解决问题等方面的指导；教师提供学习资源的情况，如提供资源是否及时、有用、学生方便获取；教师对学生问题、作业回复的时间间隔，以判断反馈是否及时。对学生的评价包括发帖的数量；发布信息的长度；信息内容的深度、新颖性和创造性；对他人交互活动的关注(浏览他人信息、发表意见)；充当主持人或学习榜样组织讨论的状况；协作学习中对小组工作的贡献；作业、作品；作业、作品、发言等的提交时间。即对学生的评价既包括认知方面的评价(如作业、作品)，又包括情感方面的评价(如对他人交互活动的关注)；既包括对交互数量的评价(如发帖数量、发布信息的长度)，又包括对交互质量的评价(如对他人交互活动的关注)。具体地，对学生的评价应将评价内容和学生参与教学交互活动的不同层次水平相结合，突出对情感交互的关注，强调对交互质量的评价。一方面，可规定各评价内容在课程考核中所占比例；另一方面，可对学生参与教学交互活动的不同层次水平给予不同的等级评分，用以评价学生对教学交互活动的参与状况。

第五节 适时进行跟踪服务，做到管理创新

一、设计学习模块进行在线跟踪

(1) 课程信息。课程简介栏目详细说明了课程性质和教学任务，帮助学生准

第五章 现代教育创新的主要舞台——网络教学平台

确把握教学目标；教学大纲栏目提供了详细的教学内容和学时安排，以及开展自主学习与合作学习的要求，介绍了将要开展的合作学习的组织形式及评价方法；授课教案、教学录像、教学资源等栏目给学生提供了下载相关资源的途径，为学生提供大量的学习资源，有图片类、视频类、音频类、Flash 类、文本类以及教学 PPT 讲义；扩展链接提供一些扩展课程知识的链接网址，便于学生自主学习。

(2) 在线学习。课程学习栏目以章节为线索，为学生自主学习提供了详尽的学习内容；课后练习栏目提供了每个章节对应的练习题，学生可对整门课程知识进行综合测查，选择教师发布的练习题，如单项选择题、多项选择题、判断题、填空题、主观题等，还可以核对答案；学习日志栏目提供了学生对课程学习及课后练习栏目学习的统计数据，包括每次的学习内容及学习时间；家庭作业栏目包括每次作业的标题、作业上交截止日期、是否提交、评分情况等，便于学生查看作业提交情况；学生还可通过问卷调查栏目填写问卷，通过电子日记反思学习过程。

(3) 师生交流。师生交流模块有 4 个栏目，分别是分组讨论、答疑中心、拓展交流、收件箱。分组讨论便于学生进行组内交流，非同组的成员没有权限浏览讨论内容；答疑中心是教师与学生之间的交流栏目，学生对教师的提问可以在这里得到回应，其中常见问题库是常见问题的集合，罗列了部分学生的经常性问题及答案；拓展交流栏目能够实现师生间和学生间的交流，教师能够组织学生开展对某一个主题的讨论，学生也能够发表话题，展开讨论；收件箱栏目提供了"发送内部邮件"功能，教师或学生可以方便地发送内部邮件，并可通过"查看收件箱"及"查看发件箱"查看本人的已收及已发邮件。

(4) 考评中心。自测考试是任课教师自主进行的阶段或综合测查。每套考试题可以有 3 种题型，即选择题、填空题和判断题。学生提交考试结果后，系统能实时给予反馈，除了显示所得分数，还提供正确答案和学生答案，方便学生对照分析。

通过以上模块，教师可以实现对学生网上活动的全程监控，特别是对学生网上合作学习过程的全程跟踪。教师可以查阅每个学生的作业和在线测验结果，对学生的合作学习成果进行评价。系统还提供学生个人网上活动的数据资料，如提问次数及内容、讨论次数及内容、对别人的评价内容及次数等，方便教师对学生进行整个评价。此外，教师还能够以小组为对象，查阅小组内部的交流内容，浏览并评价小组作品。师生交流管理模块是教师对学生合作学习进行监控和评价的重要手段，也是使用得最频繁的一个模块，是合作学习最重要的支撑环境。第二部分是学生用户管理，用于单个添加、批量导入、审核注册学生，可以实现对学生个人信息的查阅、对学生学习情况的管理，教师可以查看学生在网上学习的统计数据。

二、设计教师模块实施跟踪反馈

教师界面是为了实现对整个网上教学活动进行管理监控的功能，对它的设计应用了学习管理系统的理念。教师登录后进入教师界面，选择相应的课程，对网络课程内所有资源和内容进行管理，包括对资源的添加、删除，对课程内容的修改和发布，对合作学习内容的调整和发布。在课程教学管理模块中，教师除了能对包括合作学习成果在内的学生提交作品进行浏览和评价，还能通过问卷调查栏目发布问卷，进行各项调查。系统还提供学生的网上活动记录，如登录次数、提问次数及内容、讨论次数及内容等，监控学生的整个网上活动。

第六节 实时用好评价工具，引领教育创新

一、评价工具功能分析

虽然教育信息化已开展多年，但在实践中尚存在很多不足，至今仍困扰着教育信息化的发展，在众多问题中教育信息化的质量问题成为各界关注的焦点和核心，从某种意义上讲教育质量最终将落脚到教学质量上，所以怎样提高学习者在网上开展学习的效果，怎样对网络学习者进行科学、合理、有效的评价并给以反馈是关乎网络学习能否顺利、高效开展的关键和核心。实施评价，首先要明确评价的目标。在学生评价体系工具中，被评价对象是学生，旨在通过跟踪学生学习过程，建立一个以全面、准确、客观的评价学生学习情况的体系，形成性评价为主导，面向多元化的评价主体，以数据库技术为支撑，实现系统的智能评价。在具体实施过程中，根据网络学习评价指标体系，阶段性地对学生在教育信息化平台中的各种学习行为，包括作业情况、自测情况、参与 BBS 讨论情况、答疑情况、资源浏览情况等进行量化，而后对采集的量化数据进行处理和分析，做出一个综合的、全面的、客观的评价，并将各种评价结果反馈给学生和教师，从而达到对学生指导和监控的目标。

二、评价工具设计目标

学生评价体系工具最终实现完成，需要实现如下功能：评价指标可定制。教师可以根据自身课程特点、教学关注点以及对学生学习行为重视点的不同，实现个性化定制评价指标。评价指标权重可设置。教师设置课程评价指标后，可以根

据评价指标的重要程度不同设置各评价指标的权重值，实现评价指标值的自动获取与更新。根据学生使用系统的执行动作和行为，自动获取并更新数据库中该学生的各评价指标值。智能化计算学生的综合评价成绩，根据教师设置的评价指标及其权重和每位学生的评价指标值，依赖一定的计算算法实现学生综合评价成绩的智能化计算。评价结果的呈现与反馈，教师可以查看所有自己开设课程下学生各项评价指标值以及最终的综合评价成绩，对每位学生的学习情况有详细的了解。

三、评价系统总体设计

（一）表现层

表现层是用户直接和系统交互的界面，主要是利用 Chrome、IE、搜狗等浏览器进行网上学习活动，包含表示代码、用户交互 GUI、数据验证。该层用于向客户端用户提供 GUI 交互，它允许用户在显示系统中输入和编辑数据，同时系统提供数据验证功能。系统根据用户权限的不同分成 4 种不同的用户界面：学生界面、教师界面、管理员界面和访客界面。

（二）业务逻辑层

业务逻辑层包含业务规则处理代码，即程序中与业务相关专业算法、业务政策等。该层用于执行业务流程和制订数据的业务规则。业务逻辑层主要面向业务应用，为表示层提供业务服务。

（三）数据访问层

数据访问层包含数据处理代码和数据存储代码。数据访问层主要包括数据存取服务，负责与数据库管理系统(如数据库)之间的通信。三个层次的每一层在处理程序上有各自明确的任务，在功能实现上有清晰的区分，各层与其余层分离，但各层之间存有通信接口。

四、教学评价支持特征评价

传统的教学评价大多数是由教师批改学生的作业和考卷，或凭主观印象、观察给出最终成绩，这种评价方式存在一定的弊端。随着教学信息化改革的推进和计算机的普及，国内外的教学平台提供了教学评价功能。通过网络开展的教学评价较传统教学评价有了很大的改进，评价的形式更趋于多样化。国内外教学平台支持教学评价的方式主要有投票/问卷、作业、测验、互评、活动跟踪记录、成绩管理等形式。

(1) 投票/问卷。相对于问卷调查工具面来说，投票是种功能简单的调查工具，一般只需回答一个简短问题，国外平台的问卷调查工具功能较全面，问卷的题型多样，有问题设计、自动数据统计分析等功能，支持教师对整个学习环境设计的有效性进行评价和学生学习各方面情况的评估，是辅助教师及时了解教学情况，调整教学进度、方法必不可少的工具。

(2) 作业。作业是传统教学评价中常用的方法，教育信息化平台的作业评价功能比较全面，作业的类型通常有在线文本作业、作业文件上传、离线作业在线评价三种。布置的作业有期限提示功能，教师实行在线布置、在线评改、在线反馈。

(3) 测验、练习。测验、练习工具有题目创建功能，题型多样，多数平台的测试还具有题库、自动出题、自动评价反馈功能。

(4) 互评。调查的16个平台中具有互评功能的平台不多，共四个平台具有，只占四分之一，互评是教育信息化评价的一种趋势。互评工具支持教师将学生的项目作品、作业成果提交给小组或是所有学生进行评价，在一定的评价标准下，由包括学生本人与教师在内的所有人对上交的样品进行打分与评价，评价中可以设定学生自评、教师评价与同学评价的权重，得出总成绩。

(5) 活动跟踪。活动跟踪由教学平台系统数据库自动记录学生上网的次数、学习时间长短、进行了哪些操作等信息，并具有统计、查询功能，有的还可以对学习活动完成情况进行数据统计、资源点击统计，如日志、提问、讨论、作业、测验的次数等，在网络环境下协助教师掌握学生学习进度与出勤情况，是评价学生学习情况的重要参考依据。

(6) 成绩簿。成绩簿工具可创建在线或线下学习活动的评价项目，如作业、测验、协作、讨论、反思、课程学习等，可实现对部分在线评价的学习活动成绩自动登记、自动统计、自动分析的功能，还可将评价的活动项目进行分类统计、权重设定，参与评价的活动项目成绩由成绩簿统一管理。

(7) 电子档案袋。这种方式更体现学生学习的过程性，是未来网络学习评价的趋势。这一评价技术正不断在国外教育信息化平台中出现，它将学习者在学习过程中的学习目的、学习活动、成果、贡献及学习过程中对自我学习结果进行反思的过程等内容集中用电子档案的方式记录保存，让教师、学生、家长了解其成长的过程。

五、教学评价引领教育创新

(一) 创新评价的奖励方法，调动学生的积极性

无论评价的形式如何变化，如果最终奖惩不能落实，评价将会失去激励的功能。奖惩没有针对性，同样是隔靴搔痒。教师要了解学生的愿望，并且要使这些

愿望符合学校、教师和家长的能力要求。对评出的先进个人和集体，学校、教师要帮助其实现愿望，以示奖励。如组织班级优胜小组旅游励学活动、优胜个人的组装机器人活动等。通过努力实现自己的愿望是学生努力的动力源泉，在这样的活动中学生也会慢慢体会到团队的力量，他们会互帮互助，共同努力，一起品尝成功的喜悦。

（二）创新评价范围，拓宽评价的点和面

如在课堂展示中，先由中下游的学生展示错误的讲解正好起强调作用，激发更多学生的展示欲望，再由中游学生纠正，更多的来自学生的反馈信息传递出来，最后由上游学生补充完善细节，老师及时分类指导，鼓励引导同学间互评。通过这种方式使全体学生都参与进来，让他们感到在集体中自己是不可或缺的一分子，从而激发学生积极向上的激情。

（三）创新评价过程，变结果评价为动态评价

结果评价强调的是甄别与选拔功能，忽视了改进与激励功能的状况，而学生处于不断发展的过程中，教育的意义在于引导和促进学生的发展和完善。动态评价能够分析学生存在的优势和不足，并在此基础上提出具体的改进建议。动态评价关注学生个体差异，包括考试成绩的差异、生理特点、心理特征、兴趣爱好等各个方面不同特点；动态评价关注学生的发展，能在一定的目标指引下通过评价改进教育教学，不断促进学生发展。

第七节 基于网络教学平台的混合学习模式构建

一、混合学习的研究背景

混合学习的研究由来已久，不同学者对于混合学习的理解也不尽相同，广义上认为混合学习就是各种学习理论、学习方法、学习内容、学习模式、学习媒体以及学生支持服务和学习环境的混合，实际上大家对混合学习的认可应该是起源于远程学习者的网络在线学习，因为单纯的在线学习没有了师生之间的面对面交互，不利于学习者的学习，所以整合面对面学习优势和在线学习优势的混合学习模式也就受到了追捧。

我国早期基于网络的混合学习研究主要针对远程学习者或企业培训人员，既非在校学生。随着高校教育信息化进程的推进，高校数字化校园建设的不断发展，

国内高校的网络覆盖率和网络带宽也在不断改善，特别是在教育部本科教学质量工程等项目的推动下，利用网络技术来辅助课堂教学组织形式的改革，被当做提高高校教学质量的重要手段。在我国，高校学生的信息素养水平逐年提高，学生参与混合学习的门槛越来越低，目前，有超过60%的高校已经开始使用网络教学课程管理系统，以支持校内全日制学生的混合式教学，混合学习已成为高校教学改革的重要内容，基于高校网络教学平台的混合学习模式应用将为高校教学改革提供一个新的思路。

当前，我国学者也进行了一些基于网络教学平台开展混合学习的研究和实验，其中包括在学校运用混合学习模式增强高校课堂教学效果、提高学生满意度的方法和策略以及各种混合学习模式探讨等，这些研究主要有两大特点：一是理论研究没有结合实证案例说明，研究内容相对比较空洞；二是学科教师对某个学科领域具体应用混合学习的教学案例，只有具体的实施流程，没有进行深层地归纳总结，不具备普遍指导意义和理论创新。如何有效利用高校的网络学习环境和网络教学平台，结合混合学习理论和学科教学特点，开展高校混合学习实践，方便全日制学生进行自主学习，促进教师有效管理课程、组织教学内容、开展教学活动和加强协作交流，并根据课程学习需要进行个性化定制，提高高校教学质量，是研究人员关注的焦点。本书以韶关学院师范专业必修课程"现代教育技术"混合学习模式的构建和实施为例，探讨混合学习实施过程中的问题和对策。

二、"现代教育技术"课程混合学习模式构建

（一）"现代教育技术"课程混合学习设计需求分析

（1）"现代教育技术"是高校师范类专业的必修课，是一门理论与应用、技术与实践结合紧密的课程，内容涉及现代媒体技术应用、信息化教学设计、多媒体教学资源的设计与开发、新技术教育应用、现代远程教育、信息时代教师专业发展等，课程学习内容非常繁杂，技术部分的学习内容更新较快，可课时一般只有36学时，课时相对不足。

（2）一般师范院校修学"现代教育技术"课程的学生均较多，如韶关学院，每届学生大概5000人左右，传统师范生有2300多人，要求必修"现代教育技术"课程，职业师范生也有2500多人，由于每学期上"现代教育技术"课程的师范生人数众多，考虑到学校的实际情况，该课程的日常授课通常是教学进度统一、内容一致的大班多媒体教学，且时有跨专业合班的情况，班上同学的信息化能力基础不一致，教师也不可能照顾学生专业和个体差异，师生、生生之间的课堂交互难于开展，课下交互渠道不便。

第五章 现代教育创新的主要舞台——网络教学平台

(3) "现代教育技术"课程学习目标要求师范生能够运用教育技术优化教与学的过程，促进中小学教学改革，但本课程基本采用多媒体课堂教学模式，学习评价以闭卷考试和学生课件作品为主，课程中涉及的教育技术能力培养、信息化教学设计、网络教学、多元评价等在"现代教育技术"课程的学习和评价过程中无从体现，学习的相关内容(信息化教学环境构建、新技术的教学应用等)与课程本身的学习和评价方式相差较远，根本没有说服力，又怎么能要求学生掌握这些能力。

而网络时代的在线学习，具有多媒体资源丰富、内容更新快、交流渠道多样化、学习方式自主化等优势，可见，有必要充分利用高校网络教学环境，围绕网络课程开展课程自主学习和协作学习，将课堂教学与在线学习无缝对接，以改善课程教学课时不足、教学手段与现实脱节、学习方式和评价方式单一、个性化学习欠佳、师生课上课下交流不充分等问题，并促进学生各层面的学习和体验。因此，课题组成员以"主导-主体"教学设计理论和"混合式学习"思想为指导，探索"课堂+网络+技能实训"互相融合的混合学习模式，希望在课程学习过程中，通过使用混合学习模式，实行个性化学习，在适当的时间，通过适当的学习方式，给不同学生提供适当的学习内容和学习支持，以取得最佳学习效果，这不仅能够有效发挥教师的引导、启发和监控整个学习过程的主导作用，还能有效激发学生的学习主动性、积极性及创造性。

(二) "现代教育技术"课程混合学习模式构建

目前，"现代教育技术"课程并不是纯粹的网络课程，也就是说，本课程的学习目标和学习任务的完成并不全是通过网络教与学完成，而是课堂学习与网络学习互相融合，即通过混合学习，共同完成课程的教学，使学生完成学习任务，达到课程要求的学习目标。

"现代教育技术"课程混合学习模式是从信息时代本课程教学问题的解决和网络技术在高校教与学中的有效应用为前提，考虑混合学习的有效性进行混合，师生利用网络技术手段进行教与学，学生在学习过程中获得相应的网络教与学体验，并增加学生应用现代教育技术进行教与学的意识和自觉性。

"现代教育技术"课程混合学习模式整合了传统多媒体课堂教学、网络学习和实践技能训练三个平台，构建了混合学习的教与学平台，整合了各种教学资源和多样化的学习形式，如课堂学习、自主学习、小组学习、任务驱动、协作项目实践活动、技能训练等，形成了一个完整教与学活动混合。采用网络学习和课堂学习混合的学习模式，利于培养师范生的信息素养和教育技术能力，并使学生亲身体会现代教育技术的应用，从而有利于本课程学习目标的实现。

三、"现代教育技术"课程混合学习模式应用实践

结合已构建的"现代教育技术"课程混合学习模式,课题组设计了该课程的混合学习实施流程图,并选取了韶关学院生物、物理、英语、心理和地理五个师范专业 600 多名学生作为实践对象,开展基于网络教学平台的混合学习实践。从学习者角度来看,本课程的混合学习实施流程由"教师主导、学生主体"的课堂学习、"学生主体、教师指导支持"的网络学习与技能实践、多元评价三部分构成,期间涉及学习者特征分析、教学目标与计划制订、环境设计、资源开发、学习活动设计、学习评价等环节。整个混合学习过程注重信息技术与各学科专业教学的整合,强调信息技术环境下的学科教学设计,体现新技术在教育领域的应用。下面从混合学习的学习环境、学习内容、学习资源、学习活动和学习评价等方面阐述该课程是如何基于网络教学平台进行混合学习实践。

(一)混合学习内容的划分

由于是混合多媒体课堂学习、网络学习和技能训练三个平台,所以首先要确定什么内容在课堂上讲,什么内容放在网络环境上学习,技能训练部分如何操作,三者之间的比例如何确定,课堂学习和网络学习如何衔接。在实际操作上,把该课程的知识体系分为三大部分:理论与意识+技术与应用+综合与创新,理论知识部分的学习安排在课堂进行,技能和应用创新部分的内容通过网络学习和技能训练完成,学生通过网络课程平台进行自主与合作探究学习,加深对理论知识的理解,并通过学习任务驱动培养自身的教育信息素养和掌握信息时代教师必备的教育技术技能。理论知识讲授按"理论与意识+技术与应用+综合与创新"体系划分,主要包括教育技术概述、教育技术的理论基础、教师教育技术标准、信息化教学环境应用、教学资源的获取与处理、多媒体课件的设计与制作、信息化教学设计与评价,这些理论知识的讲授主要通过课堂教学完成。另外,结合相应的理论知识和未来网络技术与移动技术的发展应用,专门设计了三个网络学习主题和一个扩展学习专题,以加深学生对相关知识点的理解,促进深层学习,同时提供相应的学习体验,三大网络学习主题分别是教育技术与教师专业发展;多媒体教学软件的设计与开发;信息化教学设计与评价。扩展学习专题是"新技术的教育应用",由学习者根据学科专业特点和自己的学习能力自由选择学习量和决定学习进度。

(二)混合学习环境设计

建构主义学习理论强调学习是在一定的情境即社会文化背景下,利用必要的学习资料,并借助他人的帮助即通过人际间的协作活动,通过意义建构的方

第五章 现代教育创新的主要舞台——网络教学平台

式而获得,它认为情境、协作、会话和意义建构是学习环境的四大要素。作为目前世界上流行的高校网络教学平台 MOODLE 平台和 BB 平台,都是基于建构主义学习理论开发的课程管理系统,均支持在线讲授、小组讨论、成果展示、在线测试、互动评价、学习反思、协作学习和自主学习等功能,满足建构主义学习环境的需求,在支持混合学习方面有很大的优势。对于教师而言,高校网络教学平台可以充分发挥教师的主导作用,让教师尽自己所能,因材施教,为各专业的学生提供个性化的学习辅导与支持;对学生而言,基于高校网络教学平台的学习给了他们学习的选择权,在线学习由学生根据自己的实际情况决定如何进行学习,如何与师生进行互动交流,如何完成学习任务达到学习目标,网络教学平台提供的学习资源和平台所支持的自主学习、讨论、协作、反思、评价等功能为学生的情境学习与意义建构提供了可能,一定程度上调动了学生学习的积极性和主观能动性。

"现代教育技术"课程采用基于 MOODLE 的虚拟学习环境,并结合多媒体学习教学环境进行课程教学,基本能满足课程开展混合学习的环境需要。在理论课堂学习环境中,开展现代教育技术重难点讲解、为学生网络自主学习和协作学习提供引导性讲解、组织小组任务汇报等活动,帮助学生建立系统的课程知识体系,促进学生网络学习任务的完成;在网络学习环境中,学生根据提供的学习资源开展自主学习、小组讨论与协作、项目实践活动等;在微格教学环境进行学生作品模拟应用演练和教师技能训练,并将学习实践过程记录后上传到网络教学平台。表面看是三大学习环境的混合,实际上是通过高校网络教学平台将各种学习环境混合在一起,共同为学生营造良好的混合学习环境,促进学生的有效学习。

(三) 混合学习资源建设

混合学习是将传统课堂学习与网络学习有机结合并有效实施,传统课堂学习已实施多年,现主要考虑网络环境中基于问题、资源、案例、任务等的网络学习。在融合网络学习和多媒体课堂学习的混合学习平台上,不管学生开展的是基于资源的自主探究学习,还是基于任务的协作学习,都需要为学习者提供适当的学习资源,学习资源设计的好坏直接影响到学生在线学习的兴趣,进而会影响学生学习的积极性和学习效果,所以,设计开发出优质的网络学习资源是值得注意的一个问题,因此,这个环节主要是进行网络学习资源的设计与开发。"现代教育技术"教师团队建立了该课程的网络教学平台和网络交流平台,重新编写了课程教材,开发了配套的多媒体课堂教学课件、网络学习课件、专题学习资源库、网络学习资源库、教学设计案例和教学视频等,提供教学课件下载和按不同专业储存的大量共享资源,如信息化教学设计的案例及相关的教学站点的链接等,供学生课后复习和开展自主探究学习与协作学习，同时教学平台还提供往届学生的学习成果和相关作品等课程学习材料，供学生参考，以激励学生在学习中尽快超越前一届学生所达到的学习目标。

（四）混合学习活动设计和组织

从课程混合学习实施流程图中可知，本课程的教与学活动混合包含教师主导、学生主体和学生主体、教师指导支持的混合，课堂学习和网络学习的混合，学生自主探究学习和小组协作学习的混合，课内教学和课外实践活动的混合等，通过教与学活动的混合，把混合学习理念融入整个教与学过程之中。

课程混合学习活动设计主要包括网络学习专题与活动设计，它是混合学习的核心内容。混合学习活动设计一般要遵循三大原则：一是以学习者为中心，综合考虑学习者的学习需要、兴趣爱好、已有能力水平、认知特点、学习目标等各方面情况；二是适配学习内容，不同的学习内容需要不同的混合学习活动，如不同的学习内容在学习方式上是否需要混合自主学习、交流学习、指导学习或实践学习，在学习情境上应该混合哪些环境，在学习资源的配置上要注意什么问题等；三是考虑适配学习过程，不同的学习过程需要不同的混合要素，如情境学习阶段需要网络情境的逼真与面授情境的引导，交流互动阶段需要混合多种远程交流手段和人际互动艺术，反思评价阶段需要混合个人信息加工技术和成果展示技术等。

结合混合学习活动设计原则，本课程设计了教育技术与教师专业发展、信息化教学设计与评价、多媒体教学软件的设计与制作、新技术的教育应用等四个网络学习专题，每个专题由学习目标、学习任务、学习建议、学习活动和学习资源构成，在专题学习活动设计上，充分考虑不同专业学生的能力水平及要求，提出不同的学习任务要求，如生物专业的学生，在多媒体资源的设计与开发专题部分，要求学生掌握视音频资源的处理技术和图片处理技术，而美术专业的学生则重点要求掌握图片处理技术，通过这些网络学习专题活动设计，引领课程混合学习活动的开展。

课程的混合学习组织包含个体学习和小组学习，学生的网络学习活动主要是在线学习资源的阅读和使用、自主探究学习、小组合作学习、在线讨论、资源共享、评价反思等，每个学生根据教师布置的任务进行个体的网络学习和讨论交流，完成相关作业并提交到网络平台中。小组学习是本课程的一大特色，可以带动个体自主学习和团队协作学习与交流，课程小组学习采用任务驱动的方式，学生自由组合，以3~5人为准，每个小组构成一个学习团队，基于网络学习平台开展小组探究和协作学习，共同完成团队任务。如本课程的一个主要学习任务是以组为单位，根据自己所学专业，选定中学课程的一个单元教学内容，设计信息化教学设计方案，制作配套的多媒体教学课件和信息化教与学资源集合，并在微格教学

第五章　现代教育创新的主要舞台——网络教学平台

环境实施，然后将教学设计方案、配套的多媒体教学课件和资源、微格教学实施视频等全部上传到网络教学平台，进行小组学习作品的自评和互评，同时互相学习与借鉴，共同进步。在整个混合学习过程中，学生都可以通过网络学习平台上的交流互动系统进行交流和资源共享，由于学习平台上的交流互动系统允许不同专业的学生、不同的任课教师和助教参与互动，所以同学间(不分专业班级)、师生间(不一定是本班的任课教师)都可以进行同步与异步的交流、实时或非实时的交流，从而扩展学习交流和协作的范围、深度和广度，促进学生协作学习能力、组织能力和交往能力的提高。

(五) 混合学习评价设计

本课程的最终学习目标是培养师范生的教育技术能力，以及信息时代学生的独立学习能力、合作能力以及创新能力，混合学习评价指导思想是从注重知识性内容的考核转变为注重学习者能力和素质的培养，因此，本课程基于网络教学平台实行电子档案袋评价、微格教学评价、概念图评价、小组作品与方案评价、互动评价、教师评价、学习者评价、小组评价等多形式、多主体的多元化评价，将诊断性评价、过程性评价和总结性评价贯穿于整个课程混合学习活动过程中，以全面检测学习者的学习水平和教育技术能力。

四、基于高校网络教学平台开展混合学习的对策分析

通过"现代教育技术"课程混合学习的实践可知，基于高校网络教学平台开展混合学习并不是那么容易的事情，需要关注方方面面的因素，如网络教师培训、混合学习环境设计、课程网络专题学习活动设计与组织、必要的学习辅导与支持、明确的学校政策等，只有这些与混合学习相关的因素考虑周全了，才能使高校混合学习落到实处。

(一) 实施有效的教师培训是开展高校混合学习的前提

在真正实施混合学习时，教师发现达不到预想的效果，学生对于网络学习的积极性并不高，教师发现自己的工作量大大增加而学生的学习效果并不明显，部分教师在持续一段时间后就想放弃。究其原因，主要是教师对于混合学习认识不足，不了解网络环境下混合学习理论的应用，网络教学技术不过关，开发网络课程耗费大量精力，没有开展网络教学的经验，思想上也没有做好充分的准备。

基于网络教学平台的混合学习模式应用强调教师主导和学生主体相结合的"双主模式"，何克抗教授多年前就已提出基于建构主义的"双主模式"，但在单一的课堂教学环境下是很难做到的，而基于网络教学平台的混合学习给了"双主

模式"一个土壤,不过这也对教师教学技能提出了新的要求,能在课堂教学环境下成功开展课堂教学的教师,不一定能有效实施混合学习,因为开展混合学习的教师除了要具有传统课堂教学设计和实施技能之外,还必须具备网络课程开发技能、网络学习过程管理技能、混合学习内容与活动设计技能、促进学生深度学习的技能和促进师生有效交互技能等,要考虑如何充分利用网上学习和面对面学习的优势来创造一种更适合学生主动学习和协作的学习环境,如何利用各种技术促成师生之间的交流、监督学生的网络学习、实行各种学习评价。很显然,混合学习环境下,教师工作量肯定会成倍增加,且混合学习的开展对教师原有的教学理念、教育技术水平、网络技术的应用能力等也都是一种新的挑战,高校混合学习中所采用的各种信息技术,需要教师在实际教学中好好运用才能实现其价值,而教师是否愿意接受新的信息技术又是重要的前提。所以,从根本上说,基于高校混合学习平台的混合学习模式应用实效如何,很大程度上取决于教师对混合学习有效性的认可和接受程度,以及开展混合学习所需要的技术准备,只有当教师开始从观念、思想上认可和接受这种新教学模式,并具备相应的理论知识和相关的网络技术之后,才有可能在行动上表现为在教学过程中的有效应用,因而,必须在混合学习观念、思想、理论、实施措施、技术应用等层面对教师进行全方位的培训,才能确保高校混合学习工作的顺利开展。

(二)有效结合课堂学习环境和网络学习环境下的学习是实施混合学习的关键

混合学习是课堂学习和网络学习两种学习方式的结合,通过两种方式的优势互补来寻求学习问题的解决,只考虑网络环境下的学习是不行的,很多课程知识架构、基本知识原理以及动作技能类内容的网络学习效果并不好,只有通过混合学习才能实现各种学习方式的优势互补,既能发挥教师的主导作用,又能为学生创造自主协作和探究学习的机会,至于偏重于哪一方面,要结合实际学习问题来考虑,故实施混合学习的关键是如何有效结合网络技术环境下的学习与课堂环境下的学习,共同解决课程学习问题,促进学生的有效学习,完成学习目标。如在"现代教育技术"课程的混合学习环境下,通过网络资源的丰富性、交互性等特点正好解决该课程课堂学习中内容多课时少、师生交互不足、没有专业针对性等问题,有利于各专业学生的自主探究学习、小组协作学习和个性化学习,以及师生、生生之间的有效交互。

(三)网络专题学习活动设计是有效开展混合学习的保证

在混合学习模式应用过程中,教师主导的课堂教学活动大家都不陌生,课堂学习的开展也是得心应手,难度不大,关键是学生主体、教师辅导支持的网

第五章 现代教育创新的主要舞台——网络教学平台

络学习,学生大部分的学习活动是在网络环境下开展的,网上学习活动是整个混合学习的基础。学生通过利用学校网络教学平台提供的各种功能,配合相应的学习资源和学习案例,通过自主或协作方式进行学习。由于网络上每位学生的学习风格、学习兴趣、已有知识水平、信息素养等各不相同,每位学生对学习形式、学习方法、学习策略和媒体表现形式等存在不同的适应能力和选择倾向,需要教师通过网络教学平台,设计灵活多样的教与学策略,如网络讲授、课程地图、文献阅读、协作学习、讨论交流、学习资料收集、案例分析、问题解决、角色扮演和反思等,并提供多样化的认知工具,给学生提供多种表现形式的学习资源或针对多学科的案例等资源,以供不同学习风格、学习需求、学习兴趣的学生灵活选择。所以网络学习活动的设计与组织是混合学习设计的核心内容,是有效开展混合学习的保证。

(四) 及时提供网络学习辅导与支持,提高高校混合学习效果

相比面对面课堂学习,混合学习中部分面对面学习时间被网络学习所代替,在网络环境下进行的网络学习,主要由学习者自我监督和自我激励来完成,因此对学习者的学习自觉性和学习积极性的要求很高。目前高校的学生都是在传统课堂中过来的,习惯了被动学习,在非课堂学习中,由于不熟悉网络学习情境下的自主学习而感到非常具有挑战性,也会面对比较多的困难,致使学生的网络学习积极性和主动性难于调动起来。为了能让学生从这种灵活的学习(包括学习时间、学习地点、学习内容、学习步调)上获益,在实行混合学习时,需要教师通过更多的手段介入混合学习中的在线学习阶段来提升学生的能动性,如为学习者提供与学习目标相匹配的学习材料和学习方法;为小组协作任务提供辅导支持,协调学习者之间的沟通;当涉及具体的知识点或学习专题如何学习的问题时,为学习者提供学习策略指导;当学习者在网络学习的过程中遇到技术问题或困难时,教师要提供技术帮助等。从"现代教育技术"课程混合学习实践研究中可以看到,相对来说,教师参与度高、指导力度强的学习活动和讨论区发展得较好,学生交流的情况和学习任务的完成都比较满意,而提供辅导和支持较少的部分学习专题,学习的效果不是很理想,所以在进行高校混合学习时,教师必须及时提供网络学习辅导与支持,这会增加教师很多的工作量,条件允许的话可以挑选一些有能力的学生参与网络辅导与支持。

(五) 明确高校开展混合学习的政策及发展方向,推动有成效的混合学习模式应用

高校中混合学习的可持续发展,除了需要教师有这方面的主观意识及学生的

积极参与，更重要的是学校要制定明确的政策及发展方向，如网络学习环境的稳定性、网络教学系统的可靠性、学生在线学习支持服务系统的完善、师生开展网络学习所需的技术支持、教师激励机制、教学工作量计算、教学评价机制等来引导学校混合学习的长期开展，推动学校的混合学习模式应用，确保高校混合学习模式应用的成效。

第八节 网络教学平台应用成效影响因素分析与提升策略探究

一、网络教学平台应用成效影响因素分析

（一）网络教师教育技术能力影响网络教学平台应用成效

对教师而言，网络教学平台的实施与熟悉的课堂教学还是有很大的区别，教师要考虑在网络教学平台实践中混合哪些内容，哪些知识点适合网络学习，如何合理分配网上学习和课堂学习各自所占的比例，怎样混合才能达到网络教学平台效果最优化，如何有针对性开发网络学习资源，如何有效地组织学生参与网络专题学习，如何实现学习过程的有效监控，如何保证课程学习资源的传输畅通，并坚持进行有效的在线辅导和及时的交流反馈，使学生能够有效进行在线学习。上述这些问题都是教师必须面对的现实问题，任何一个环节都需要考虑周全并提前设计，否则就会直接影响网络教学平台的实施。可见，网络学习环境下教师的教育技术能力显得非常重要。

（二）网络学习活动设计与网络学习导航设置影响网络教学平台的实施

在网络教学平台环境中，教师会在网络教学平台上设计多个学习专题和学习活动，并上传大量的学习资源供学生学习参考，而平台只提供大纲、作业、讨论区、资源等的学习目录，教师也只是设计了专题学习活动的内容和学习活动说明，没有专门设计课程的学习导航来明确学习方向，明晰学习任务，对学生学习探究的方向、探究的内容及时进行指引和点评，结果在实施网络教学平台的过程中，学生经常不知道该做什么，如何去做，或者在课程平台上找不到教师提供的相关学习资源，需要教师在课堂上反复提醒，多次讲解，耽误了很多学习时间，且挫伤了学生的学习积极性。

第五章 现代教育创新的主要舞台——网络教学平台

对学习者而言,网络学习环境中的学习能力、自我管理能力、自我激励、互动交流、反思评价等是一大挑战。由于是首次开展基于网络教学平台的网络教学平台,很多学生都不适应,在课堂上多次讲解网络教学平台的选课流程、如何进行网络学习、如何参与讨论、如何获得在线学习帮助等基本常识后,仍然有一大部分学生无从下手。经过一个多月的磨合,生物、物理、地理专业的学生基本能正常进行网络学习,信息素养稍差一些的英语、心理专业的学生在网络学习过程中还是会有比较多的问题,因而,在学习任务的安排上就做了一些相应调整。借助网络教学平台上的报表功能,可以跟踪学生网络学习情况,如看了什么资源、参与了什么学习活动等,然后对比学生的期末学习作品,基本可以看出,能积极参与网络学习的学生,学习绩效还是有比较大的变化,而基本不参与在线学习的同学,在学习任务的完成方面有所欠缺,所以正常开展网络教学之后,学生对于网络学习是否认可,参与网络学习的积极性如何,直接影响网络教学平台效果,在一定程度上影响了学习效果。

(三) 师生的互动交流力度影响网络教学平台的深入开展

在课堂学习、网络学习和技能训练学习的网络教学平台过程中,网络学习环节的师生互动交流非常关键,因为这是师生、生生之间难得的交流机会,在网络学习平台上,每个人都希望得到别人的回应,获得相关的帮助,或由此引发头脑风暴。网络教学平台教学过程中,师生响应较多的话题,讨论也就较深入,如多媒体教学资源设计与开发专题,学生之间的讨论都非常激烈,这部分的学习内容学生掌握相对较好。师生互动少或没人回应的话题,如教育技术理论专题,师生均没有认真交流,学生对于这部分内容掌握不是特别好,学习效果也不太明显,可见在网络学习平台,及时的互动交流对于学习者的在线学习还是影响较大的。

二、促进网络教学平台应用发展的对策建议

(一) 增强教师网络教学平台应用积极性

网络教学平台通过实现教师与学生的实时互动,给学习者提供教学资源,是一款功能强大的教学内容的载体平台以及方便快捷的教学管理平台。教师作为平台资源的建设者及管理者,作用不可低估。鉴于平台应用开发及管理费事费力,应采取相应的激励措施,提高教师平台应用的积极性。除了针对评职称教师群体在网络课堂比赛中获奖加分这一措施外,高校还应采取其他影响面更广的措施,如:利用网络教学平台进行教学达到一定效果的课程,在课酬计算上可以斟酌乘相关系数;在课程建设选拔中建设完备的网络平台作为选拔的必

要条件；利用网络教学平台同科研积分进行换算等方式，鼓励教师积极应用网络教学平台；加强教师对学生的引导，通过前期分析发现，教师的引导、感知课程的有用性对促进学生对平台的评价及应用有一定的作用，因此针对一些课程尤其是一些学生感知重要的专业课程，要求教师必须使用网络平台，并在此过程中引导学生应用，教师还应定时与学生进行线上线下交流，使学生感知平台的有用性，并从了解平台到熟知平台，进而促进学生高效利用网络进行课外辅助性学习，充分发挥平台作用。

（二）发挥学生主体能动性

网络环境下学习体现了网络平台对学习的辅助，在调查过程中发现，学生课下积极利用平台发挥主体作用，积极进行自主学习的同学较少，这表明学生难以改变传统的学习习惯和学习方式，不愿意尝试新的学习方式及理念，自主性、探索性学习较少；同时通过相关分析发现当学生感知平台的有用性时，学生乐于利用网络教学平台进行学习，因此网络平台资源的有效性对发挥学生的主观能动性也有较大作用。因此，一方面教师要积极引导学生改变传统学习模式及习惯，增加网络教学平台的有效利用率，利用平台提供工具加强师生之间的实时交流，完善学生进行信息化学习的奖励机制等；同时有必要通过提高教学资源的有效性、针对性，满足学生个性化学习的需要，进而增强学生学习的主动性。

（三）提高平台的易用性、可用性

加强平台的易用性，增强网络教学平台同各种软件的兼容性，增加编辑功能；改善网络课程模块设置结果，使平台界面更完善；学校加强平台网络建设，减少平台故障率，保障教师学生校内外登录平台无障碍；加强平台二次开发，将网络教学平台同学生的成绩管理平台、选课管理平台有效结合在一起，建立以学生为中心的综合性管理平台，减少学生平台之间转换的麻烦，增加针对学生平台的可用性，在条件允许的情况下高校还可以开发网络课堂的手机应用，提高课堂应用的方便程度。

（四）加强学生平台应用能力培训

通过访谈得知，教师认为平台操作相对简单，且高校通过不断的培训，教师基本可以掌握平台的应用，但针对学生平台的应用没有相关的培训。通过平台影响因素交叉表发现，学生由于计算机水平的差异导致其利用网络课程的差异，尤其是低年级学生在计算机水平较差、平台应用知识匮乏的情况下，要求其利用平台进行学习有一定难度，因此，有必要从低年级学生入手加强平台应用及相关计

第五章 现代教育创新的主要舞台——网络教学平台

算机知识培训，通过针对入学新生的定期培训，加强学生对网络教学平台操作的熟练程度，同时在技术方面鼓励教师针对大一新生运用网络教学平台进行授课，在此过程中教师要循循善诱，对学生进行有针对性的引导，加强学生的实际操作能力，培养学生利用网络教学平台进行学习的自信心，鼓励学生利用网络教学平台完成学习任务，增强学生利用平台的自我效能感，实现利用操作平台学习的良性循环。

第六章 计算机网络教育创新的主要思考

网络教育是在现代技术条件支持下与教育活动相融合实现的一种新型的教育模式。由于网络技术本身具有开放性、交互性、资源共享性等特性，使网络教育也具有了与传统学校教育不同的新特点。本章旨在从计算机网络教育的"教"与"学"的特点中，寻找网络教育中"教"与"学"的合适关系，使网络教育最大可能地发挥其优势。

第一节 计算机网络环境下的"教"与"学"

一、计算机网络环境下的"教"

（一）教学系统的开放性

传统学校教育中由于教学条件、环境的限制，教学对象一般是有限的，且处于一种相对封闭并呈阶梯级发展的状态。相对封闭是指教学任务为特定年龄的教学对象设计，无论学习者差异如何，一般都只能按照规定进入相应的年级学习，在规定的时间内完成学习任务。呈阶梯级发展指学习者必须按基础、中等、高等教育这样的顺序发展，不可逾越。网络教育系统下的教学对象却是开放的，无论性别、健康状况、国籍或贫富贵贱，只要拥有了一台联网的计算机，学习者就可以自由选择感兴趣的任何专业、任何课程进行学习。

（二）教学资源的丰富性

传统教育中的教学资源可以分别用文字、图形、音频、视频、动画等多种媒体以线性排列方式来呈现，这种呈现方式系统性强，但灵活性不够。网络教育中的学习资源可以将文字、图形、音频、视频和动画等多种媒体按照教学需要集结在一起，以超文本方式呈现，兼具系统性和灵活性。这种基于 Web 的教育教学，可以创设一种符合建构主义理念的全新教育情境，让学习者更好地进行意义建构[1]。

---

[1] 张蜂皓. 浅谈计算机网络教育中的"教"与"学"[J]. 大众科技，2006(07).

第六章 计算机网络教育创新的主要思考

数据库作为资源库拥有丰富的信息资源是网络的最大魅力之一，而且网络信息资源是多样的，它涉及社会生活的各个领域、各个学科。网络信息资源具有共享性，没有人是信息的主宰者，对于网络终端的每一个学习者而言，他们在信息面前都是平等的。拥有可共享的大量信息资源，这正是网络能在教育中有强劲发展势头的主要原因。

（三）教学过程的交互性

计算机技术络作为一种强大的交互型媒体，有多种技术可以支持网上交流，交流方式也是丰富多样的，师生之间、学生与学生之间可以根据需要选择不同的交互方式。如 BBS、FAQ、聊天室以及电子邮件等。

这里所说的交互有两种含义。一是学习者与计算机系统之间的交互，二是学习者和指导者之间的交互。在网上远距离学习模式下，一般来讲，学习者和指导者在上机时间上是相对自由的，对学习者在学习过程中遇到的大多数问题，计算机系统可以自动检索后援引知识库的资料自动回答。有些计算机系统不能回答的问题，则由指导者通过电子邮件或其他形式将答疑内容发送给学习者。这种特殊的交互形式，使得学习者和指导者之间可以不受时间和地域的约束。当然，特殊情况下，学习者和指导者也可以在约定的时间同时上网，进行网上实时交流。

二、计算机网络环境下的"学"

（一）学习模式的多样性

网络学习因不受地域和时间的限制，所以学习模式比较自由。它不但可以进行个别化学习，也可以根据学习者的不同情况分组学习，在网上进行小组讨论。若配以大屏幕显示设备，还可以实现团体教学，使教学活动的组织更加灵活方便，教学效果也可大大提高。

（二）学习的自主性

网络教育学习过程中，学生自主学习知识，自我更新知识，通过自己思考、探索来独立完成学习。网络教育并不是简单的"人－机"交互，而是复杂的"人－机－人"交互。这类交互的最大特点是强调互动，特别是学生的主动参与。这种自主性具体表现在：学生确定自己的目标后，能够借助网上优势，自主选择学习内容、学习方法和支配学习时间，从中知道了如何学习才能达到目标，也知道了如何评价自己的学习效率、测试自己的学习效果和成绩。学生根据自己的知识基础和学习进度进行个别化学习，不必跟随教师统一的教学内容和进度，而且网上没有固定的学习模式，自己不主动学习，就不可能学到新知识，这样学生就由原来被动的、不得不学转变为主动的、要求去学，从而能提高学生的领会和保持水平，有利于学生学习能力的培养。而且，学生在学习中自己制定学习计划，自己掌握学习进程，自己负责学习效果，这有助于养成学生在教育活动、工作职责和个人行为等方面的良好习惯。除此之外，学生自己选择学习时间，自己确定学习地点，学习时间、空间的灵活性大，特别适应于成年的、在职的学生的主客观条件。

网络教育是教师指导下的自学，它以促进学生的自主性学习为目标。因此，网络教育对培养学生的认知能力和创新素质有很大的潜力。但是在网络教育中，学生要对自己的学习负最大的责任，能积极主动地利用网络工具自主学习，这对学生的自律能力和自学能力都提出了较高的要求。缺乏自律能力，在眼花缭乱的网络面前，当最初的新鲜感消失之后，学生就可能离开学习的轨道，忘记了学习的目标。缺乏自学能力，学生就不知道该学什么和怎样学，对年纪越小的学生这个问题越大。人们在网络远程教学中，发现这个问题带有一定的普遍性。这就存在着一个理论上的矛盾：促进自主学习是网络教育的目标，而自学能力和自律能力又是网络教育的前提，二者是相悖的。这一矛盾需要人们在理论上加以深入的探讨。

三、"教"重于"学"

（一）弥补网络教育之不足需要加强"教"的研究

近年来，网络教育巨大优越性使它发展迅速。然而，网络教育同传统教育相比，也存在诸多先天不足：

(1) 网络教育缺乏有效的课堂管理机制；

(2) 网络教育提供的"标准化"课件，不仅缺乏个性，而且也缺乏教学中的直接交流，因而难以真正实现因材施教；

(3) 网络教育缺乏师生之间的感情交流，不利于学生完善人格的塑造；

(4) 网络教育所实现的时空分离，导致对学生的社会性激励减弱，进而影响学生学习积极性。

网络教育存在的上述不足，是站在传统教育角度审视网络教育而存在的必然结果。在传统教育中，教学过程可看作是师生之间发生的"人—人"系统。而在网络教育中，教学过程则由"人—人"系统转变成为"人—机—人"系统。于是，"机"就成为师生之间的桥梁或中介。正因为教学过程发生了这样的变化，才有了人们对网络教育的上述批判。其实，网络教育与传统教育之间，并不存在着无法逾越的鸿沟。毕竟，教学过程本质上既是一个特殊的认识过程，又是一个促进学生发展的过程。就这一点而言，无论是传统教育还是网络教育，都应该完成这一双重任务，只不过在完成这一双重任务的具体教学模式上存在着差异。既然如此，人们若要弥补网络教育之不足，一个可行的办法就是加强网络教育中"教"的研究，加强网络教育中的"教"如何才能够完成认识与发展这一双重任务。

(二) 学生自主性学习能力差需要加强网络教育中"教"的研究

网络教育是以学生自我管理能力为依托的教育模式，其教学质量的高低并不完全在于学校和教师，而在很大程度上取决于学生的自主性学习。自主性学习是指学生在学习过程中的积极主动的主体状态，包括自主性学习习惯、自主性学习兴趣、自主性学习思维、自主性学习方法、自主性学习能力等要素。网络教育要求学生具备良好的自主学习能力，而网络教育招收的学生则仍然是缺乏自主学习能力的学生，这是我国网络教育发展中的现实问题。

在我国传统教育中，学生的学习紧紧围绕着教师，师生之间存在着非常紧密的依赖关系，学生的自学能力普遍较差。这种惯性虽然随着学生走上社会而有弱化的趋势，但在整体教育背景下，学生对教师依赖的这种心理定式，始终顽强地存在着。在这种情况下，网络教育中的学生也不可能都在短时间内迅速摆脱对教师依赖，具备较强的自主学习能力。于是，人们的现实网络教育就陷入一种两难境地：既不能无视网络教育注重学生自主性学习的特点，又不能忽视网络教育中学生自主性学习能力较弱的现实。摆脱这种两难境地的唯一办法就是采取一些过渡性措施，使学生逐步养成自主性学习习惯。为此，就要求人们加强网络教育中"教"的研究。

四、"学教并重"教学设计

在建构主义开始流行之前(即20世纪90年代之前)，教育界普遍采用传统的教学设计理论即"以教为主"的教学设计理论。这种教学设计主要关注老师的"教"，而忽视学生自主的"学"。

随着多媒体和网络技术从90年代初开始普及，建构主义逐步进入教学领域，并从原来纯粹的学习理论逐渐发展成为既包含学习理论又包含教学理论和教学设计理论、方法的一整套全新的教与学理论。建构主义的教学设计理论也称"以学为主"的教学设计理论，其目的是促进学生的自主学习、自主建构与自主探究。

"以教为主"和"以学为主"这两种教学设计理论均具有各自的优势与不足。

传统的"以教为主"教学设计有许多优点，例如，有利于教师主导作用的发挥，有利于教师监控整个教学活动进程，有利于系统科学知识的传授和教学目标的达成。但它存在一个较大的弊病：以教师为中心，只强调教师的"教"而忽视学生的"学"，全部教学设计内容都是围绕如何教而展开，很少涉及如何促进学生自主地学。按这样的理论设计的课堂教学,学生参与教学活动的机会少,大部分时间处于被动接受状态,学生的主动性、积极性难以发挥,更不利于创造型人才的成长。

"以学为主"教学设计强调在学习过程中要发挥学生的主动性、积极性,要充分体现学生在学习过程中的主体地位。整个教学设计围绕"学习环境"和"自主学习策略"这两个方面展开。前者是为学生建构意义创造必要的环境和条件(提供学习的外因);后者则是通过各种学习策略去激发学生自主学习和主动建构(诱导学习的内因)。目前常用的自主学习策略有"支架式""抛锚式""随机进入式"和"启发式"等多种。这种教学设计有利于学生的自主学习、合作探究,有利于创造型人才的培养,这是其突出优点,但它也存在以下两方面的缺陷:一是不做教学目标分析,二是忽视教师主导作用的发挥。因而容易偏离教学目标的要求,不利于对基础知识的系统学习与掌握,不利于对前人知识经验的传承与利用。

由以上分析可见,"以教为主"和"以学为主"这两种教学设计各有其优势与不足,不能简单地用后者去取代或否定前者,也不能反过来用前者去否定或取代后者。而应当彼此取长补短,相辅相成,将二者有机结合起来,努力做到既发挥教师的主导作用,又能充分体现学生的主体地位;既关注教师的教,又关注学生的学,把教师和学生两方面的主动性、积极性都充分调动起来。其最终目标是要通过这种新的教学设计思想来优化教学过程以取得最佳的教学效果。按照这种思想实现的教学设计称为"学教并重"教学设计。这种教学设计的主要理论基础是奥苏贝尔的"学与教"理论和新型建构主义的"学与教"理论(但是并不否认、更不排斥其他学习理论和教学理论也能对这种教学设计在某些方面提供支持,例如,布鲁纳的"学科结构论"、布鲁姆的"掌握学习"理论、加涅的"学习条件"理论以及加涅在此基础上形成的"九段教学程式"和一整套教学设计的原理与方法等等均对"学教并重"教学设计的理论基础提供了不同程度的支持)。

"学教并重"教学设计通常包含下列实施步骤:①教学目标分析——确定教学内容及知识点顺序;②学习者特征分析——确定教学起点,以便因材施教;③根据教学内容和学习者特征的分析进行教学策略的选择与设计;④学习情境创设;⑤根据教学目标、教学内容和教学对象的要求,进行教学媒体选择与教学资源的设计;⑥通过提问、测验或察言观色等方式对课堂教学做形成性评价(以确定学生达到教学目标的程度);⑦根据形成性评价所得到的反馈,对教学内容、方法、策略作适当的修改与调整。

第二节 计算机网络环境下新型教育模式

随着社会的发展和不断进步,网络技术的运用已经渗透到生活的各方面。现代信息技术在教学中的运用也在慢慢地走向成熟，网络教育已经成为现代教学发展的主导方向和重要标志。

所谓网络教育，指的是教师和学生通过网络传授和获取知识的一个互动的过程。网络教育作为多媒体和网络通信技术的结合，其目的就是建立一个开放的数字化的学习交流平台。这就从根本上改变了传统的教学模式。

一、我国网络教育发展的现状

由于我国各地经济发展不平衡，重视程度和财政支持不同，网络教育起点不一，虽然近几年在各级政府的高度重视下，网络教育建设特别是信息化基础设施和信息网络建设取得了很大进展，但与发达国家相比，仍然存在着很大差距，集中表现在以下几方面：

(1) 网络教育水平较低，且发展不平衡。由于主观认识的不一致，信息化建设中资金投入不平衡，软硬件建设和资源的开发和利用也不平衡，因此各省网络教育建设发展很不平衡。目前，只有少数发达省份或条件相对较好的重点学校能够主动利用信息技术培养学生思考问题、解决问题的能力和技巧。但大部分学校还不能运用计算机迅速完成班级、学校、教育管理部门信息的搜集与共享，不能建立与运用信息数据库来处理各种教育信息，不能运用计算机及信息技术进行高层次知识技能的教学。教学软件课件及学生学习软件的开发与应用远远不够，技术信息课程整合率低。

(2) 信息资源开发和利用水平较低。网络教育基础设施建设和信息资源开发的目的是为了应用，为了出效益。但从全国各省网络教育的情况来看，应用的种类少、水平低。许多学校还没有完成本单位教育基本信息的收集整理工作，有的学校根本就没有开展这方面的工作，许多教师还搞不清楚什么是多媒体课件，已有的课件也多是 PowerPoint 演示稿，基于网络的高水平多媒体课件还很少。还有一些学校的计算机数量充足，但利用率不高，机房上机的学生很少，分析造成这种情况的原因，一是重视不够，认为信息化就是上网，而上网就是浏览外面的信息；二是网络教育工作开展时间较短；三是没有鼓励课件开发制作的相应机制，相当一部分教师还不会制作课件；四是各类管理信息系统种类少、功能低，少数学校根本无任何应用系统；五是软硬件设施不能满足需要。多数高校的多媒体教室数量不足，水平较低，一些教师想用多媒体教室上课，但由于数量少而无法在多媒体教室上课，这就制约了部分教师对多媒体课件的开发。

(3) 信息技术人才缺乏，信息素养较低。我国开发高级信息技术的人才数量较少，多数学校负责网络的技术人员无论是数量还是质量均不能满足迅速发展的需要，有的学校甚至仅有一两个人来维护网络运行和网站建设，而从事通信和多媒体的专业人员则更少。其主要原因是人才培养力度不够，高学历、高技术人才外流现象与其他学科相比更为严重。此外，各级各类管理人员、广大教师和学生的信息素养普遍较低，不能满足信息技术迅速发展的需要，也不能满足充分利用信息化设施和信息资源，发挥其应有效益的要求。

二、网络教育的特点

网络教育不同于传统的教学方法和教学模式。这种教学本质上是发挥学生的主观能动性，调动学生的学习欲望。教师在其中所起的作用是辅助并且引导学生完成学习。这是一种在网络技术下的新的学习方式和学习理论。由于教师角色的转换，学生的角色也从传统的教学关系是中脱离出来，从被动的知识接受者变为了主动的知识建构者。学生经过教师有效的组织、引导外界的信息环境，而使学生将外部知识自觉地转化为自身的知识。利用现代计算机技术及多媒体技术建立起来的虚拟课堂是网络教育的最核心、最关键的基点。虚拟课堂打破了传统教学模式在时空上的制约，而成为一种自由、开放的教育方式[①]。

由多媒体和网络通信技术相结合而产生建立的新的教学模式，具有以下的特点：

（一）多项互动的关系

由于网络的开放性的特征，所以在新型的网络教育模式下，网络教育实现了多项互动的交流关系，主要包括学生与计算机、学生与老师、学生与学生之间的交互。首先，学生和计算机之间的交互指的是，学生可以通过网络获取一系列的网络资源，协助完成学习。其次，在完成学习的过程中，学生之间可以通过虚拟的网络教室进行相互的交流，共享学习资源，相互协作，共同地完成学习。这个过程中，有效的培养和锻炼了学生之间的相互协作的团队精神。最后，当学生在自主学习中遇到困难的时候，也就是说，学生在求助计算机的情况下无法得到答案，或者无法完成学习任务的时候，教师就作为引导者出现，帮助学生解决问题。教师成了网络教育模式下的最后把关人。

这种网络教育的最大特点是，教师与学生之间的交流不受时空的限制，通过网络课堂，学生可以随时向教师发问，教师也可以及时地向学生进行解答。在这样的交互式的学习方式下，形成了学生与老师之间的一种平等的关系。这有利于加强学生和老师之间的交流。这种教学方式一方面提高学生学习的积极性，另一方面也保证了学习的质量。

[①] 汤颖，赵凯. 浅谈计算机网络教育模式下的新型教学[J]. 科教导刊(上旬刊)，2011(01).

（二）丰富的教学资源

网络技术在教学上的运用，其最大的好处和优势就是可以及时地在计算机上搜索并且获取大量的教学资源。学生可以自由通过计算机，在网络上选取自己所需要的教学资源，可以使学生轻松地获取知识，而使学习变成一件有意义的事情。在筛选有效的教学资源的过程其实也是对于学生识别能力的一种培养。

三、网络教育的模式

网络教育是一种现代的教学方式，在现代观念的影响下，实现了教师中心论向学生中心论的转向。网络教育模式最终要实现的目标是从填鸭式的教育方式走向自主性的学习。这无疑是对于传统教学观念的一种纠正。教师逐渐地走下"神坛"，从传统的灌输式的教变成一个引导、辅助学生完成学习的指导者。

网络教育一般具有两种模式：一是自主学习模式；二是集体教学模式。自主学习模式要求充分地发挥学习的自主能动性，学生利用网站，选取自己学习的重点、难点以及学习的进度，并且随时地可以通过网络与同学形成有效的交流、互动。这种学习方式摆脱了以教师为中心的教育，学生的学习完全的变为了主动。集体学习模式是网络教育与传统课堂相互结合的一种新型的教学模式。在教学过程中，教师仍然采用常规的课堂教学，而在此过程中，教学的内容会提前由老师布置，学生在网络上获取资料，然后在常规的传统课堂上进行情景教学。这样学生的学习成了一种自主完成的"游戏"，有效地调动了大家的积极性。在这种教学中不知不觉地完成了学生从质疑到提问再到解决的全过程。

四、网络教育方式

在网络和多媒体技术发展之下建立起来的教学模式不仅改变了传统的教学模式，也改变了教学方式。在网络教育的参与下，教学方式变得更加丰富。这些基于网络教育所做的调整和改变都对于教学的开展具有积极的意义。

目前现有的技术基础上，一共有八种网络教育的模式：分别是视频广播教学、视频点播教学、视频会议教学、多媒体课件教学、WEB 网页教学、BBS 论坛教学、聊天室教学、E-mail 教学。它们都各自具有自己的特点，在网络教育中，教学方式的选取也并不是单一的，而是多种教学方式的综合运用。

（一）视频广播教学

所谓视频广播教学，就是通过视频播放的形式进行的一种教学方式，就如同播放录像资料一样。这是一种直播课堂的教学方式，但是存在一个巨大的缺点，就是学生在这种教学中并不具有主动性。同时，它又可以取消地域的界限，即使深处边远地区的孩子,也一样可以听到名师的讲授。

(二)视频点播教学

视频点播教学实际上是在视频广播教学基础上发展起来的一种教学方式。学生可以根据自己自身所具备的知识以及水平,选择适合自己的教学内容以及教学方法。这就在一定程度上实现了学生的自主性。

(三)视频会议教学

视频会议教学是一种非常高端的教学方式,是对于以上两种教学方式存在的缺陷实现弥补的一种教学方式。它弥补了视频广播教学对于学生主体性的忽视,也弥补了视频点播教学实现互动交流的可能性。由于视音频设备的采用,视频会议教学可以在观看视频时,随时的提问。但是由于设备所需要的经费非常昂贵,所以,这是一种较少采用的教学方式。

(四)多媒体课件教学

多媒体课件教学是目前通常采用的一种方式,是一种电子版的教材。

(五)WEB网页教学

WEB网页教学和多媒体课件一样采用的比较普遍,就是把教材做成网页的形式,学生可以随时通过计算机浏览网页,实现学习。

(六)BBS论坛教学

BBS是英文Bulletin Board System的缩写,中文意思是电子公告板系统,现在国内统称为论坛。作为一种公告系统,学生可以在论坛里随时的发问,并且学生也可以对问题进行回答、交流。这种形式的教学有效地实现了师生之间的互动。

(七)聊天室教学

聊天室教学就是通过语音或者文字的方式进行的一种师生或者学生之间的沟通和交流。

(八)E-mail教学

E～mail教学就是通过电子邮件的方式所开展的一种教学,这种教学方式,可以快速地传递自己的疑问和想法。当然,这些网络教育方式要发挥其最大作用并不能单纯地依靠某一种教学方式或者只是单纯地依赖网络课堂。当只有当网络教育方式与传统的教学方式相互结合的时候,其功能才会得到最大的发挥。网络课堂教学方式和传统课堂教学方式之间形成互补,从而实现真正的教学方式、教学模式的转变,否则,网络教育只能是另一种先进的教学工具代替传统的教学工具。

五、网络教育中存在的问题及其解决策略

就目前网络教育的运用来看,主要存在主客观两方面的问题。就主观因素而言,是教师已经适应了传统的教学方式,数十年的教学经验、教学习惯,使他们一时之间还并不能从传统的教学方式中转变过来。有一些实践经验比较丰富的老教师,他们由于不能熟练地操作电脑,而致使无法将网络教育运用于传统课堂。对于这种问题,学校方面应该定期地组织相关的培训课程,使年纪较大的老师可以进行相关的技能培训,最终将网络课堂与传统课堂走向融合。就客观因素而言,是建立的教学网站的资源不丰富,系统的、质量较高的资源较少,这就在一定程度上影响了教学的质量。同时后期对于网站的维护工作不到位,很多的学校只是在网站建立初期进行了大笔的投资,而在建立起网站之后,很少对其进行维护,这就不能很好地为教学服务。基于此,学校应该安排专业人员,定期给网站做维护。

网络在教学中的运用已经成为不可阻挡的趋势,它是实现传统教学转向的风向标,在网络教育模式下的新型教学更能跟上时代的步伐,更能出色地完成知识的传授。

在网络教育建设和发展中有待处理的关系有以下几点。

(1) 处理好建设与应用的关系。网络教育建设成败的关键在于应用水平的高低和应用效益的大小,二者相互依存,相互促进,建设的目的是为了应用,有效的应用又会促进建设的发展。因此,要坚持"以建促用,以用促建,建用结合,注重实效"的原则,充分发挥信息化基础设施和信息资源在教学、科研、管理等各个方面的巨大作用,实现高投入、高质量、高产出、高效益的建设目标。在处理建设和应用的关系时,还应做到网络建设与资源库建设并举,更加重视资源库建设;硬件建设与软件开发并举,更加重视软件开发;管理人员与技术人员培训并举,更加重视技术人员培训;提高技术水平和管理水平并举,更加注重提高管理水平,以促进信息技术的应用和软硬件设施的建设。

(2) 处理好统一规划与分类指导的关系。统一规划是从网络教育建设的实际出发,实事求是地制定科学合理的网络教育发展规划。开展网络教育工作,目的是为了充分发挥各省教育系统的整体优势和整体效益,避免重复建设,实现资源共享,减少资源浪费。分类指导就是各地区、各学校要根据全国和各省的规划,因地制宜,发挥各自优势,建设各具特色的信息化设施和应用系统。只有这样,才能确保区域网络教育协调、有序地健康发展。

(3) 处理好广泛应用和安全防范的关系。网络是一把"双刃剑",计算机网络信息量大,传播迅速快,并有高度的交互性和开放性,它的出现和普及给人们的生活方式带来了巨大的变革。网络对学生获取信息的方式、以及学习内容的丰富都产生了深刻影响,对学生的迅速成才起到了促进作用。但也存在着让人忧虑的负面影响,如不加强管理和防范,必然会影响学生对是非的判断和价值的取向。因此,要采取安全防范措施,注意研究网络化环境下思想政治和网络文化工作的新途径、新方法,用健康的文化占领网络阵地,充分发挥其有利的一面,防止反动、腐朽、堕落的思想和信息在网络中的传播、泛滥。同时,还要加强网络安全管理,保证网络系统安全、稳定、高效地运行。

应进一步加快网络教育基础设施建设。网络教育的基础设施及信息网络是网络教育发展所依赖的物化设备和物质基础,是信息跨时空流动的载体,它的发展程度直接关系到网络教育是否具备相应的物质条件。应加快作为国家网络教育建设的重要工程——国家教育和科研计算机网(CERNET)建设,加强网络地区中心建设,提高主干网速。大力兴建各省教育科研网的主干网,并实现高宽带、高速率、高稳定性、高可靠性和高安全性。启动城域网建设工程,以中心城市城域网为示范,带动周边城市城域网的发展,使辖区内高等学校、中等专业学校,以及有条件的中小学和教育管理部门互通互联。加快校园网络建设,提高网络建设水平,将校园网联结到学校的每个部门、每个单位和每个教师的家中,满足了教育管理现代化及教师进行教学、科研的需要。同时,又将计算机网延伸到多数学生宿舍,满足学生通过网络自主学习的需要。

启动省级教育信息资源系统建设工程,实现教育信息资源的"共建、共知、共享"建立内容丰富、使用方便的教育信息。资源是网络教育的基本保障,也是网络教育建设的核心。教育信息资源的建设要充分发挥教育行政管理部门及学校等多方面的积极性,指导和鼓励各省辖市和学校建立区域资源库和校园资源库,实现各省互联互动、资源共享。首先,根据需要,建立通用的、涵盖高等教育、基础教育、职业教育和成人教育的公共教育信息资源库,建立教育信息资源的查询、引导、管理系统。其次,以高速主干网为依托,启动建设区域"中国高等教育文献信息保障体系"。建设教育文献信息管理中心,按照学科分工,建设不同专业的文献信息中心及全省本、专科高校为主体的一批高校数字化图书馆,不断提高电子图书、电子期刊的比重,以期尽快与"中国高等教育文献信息保障体系"接轨,实现高等教育文献资源的"共建、共知、共享"。三是启动"多媒体和网络设备建设工程",重点建设一批高水平、高质量和高效益的课件。

大力开展各种网络应用,提高网络教育总体效益。在网络教育建设中,网络建设作为硬件只是手段,其最终目的在于应用。因此,要根据国家网络教育建设

第六章　计算机网络教育创新的主要思考

规划，大力开展各种网络应用。一是建设高等教育学历文凭电子注册认证系统，实行网上学生信息管理；二是在高校网上试行录取的基础上，扩大高校网上招生录取规模；三是着手建立以区域教育科研网为传输平台的"三网一库"，即教育系统内部的办公业务网、省市教育行政部门和各高等院校之间的办公业务资源网、各省教育公众信息网和教育系统共建共享的信息资源库，使省市教育行政部门内部的公文、信息、值班情况报告、督查、会议等主要办公业务实现网络化和数字化，逐步实现正式公文、会议通知、领导讲话、工作简报等无纸化传输，并依托教育科研网，为教育行政部门提供 VOD 视频点播、桌面电视电话会议、教育系统免费 IP 电话服务等。围绕各级各类教育需求，积极实施现代远程教育。在保证教育质量的前提下，适当扩大招生规模，增加招生专业和试点高校，积极探索网络环境下新的教育教学模式。

努力造就一支高素质的信息化人才队伍。信息化人才队伍的建设是搞好网络教育建设的基本保障，也是网络教育建设能否顺利实施的关键。网络教育人才队伍包括技术队伍、师资队伍和管理队伍。要加强信息化专业技术队伍建设，培养一批现代信息技术高级人才，以满足网络教育基础设施建设、信息资源建设及其运行维护对高层次人才的需要。信息化人才培养的主要措施有：①各高校要加强信息技术教育专业的建设，保持合理的招生规模，加快培养信息技术人才和师资队伍；②采取各种形式，加强现有教师培训学习，提高他们信息技术的应用能力，在必要的时候可以实行持证上岗制度；③通过不同形式的宣传和培训等活动，强化信息化管理人员的管理水平和信息化意识并建立相应的考核指标，作为任职考评与奖惩的依据等。

建立多元化投入体制，为网络教育建设提供资金保证。网络教育离不开大量的资金支持。除了加大政府投入外，还要运用市场机制，实行谁投入、谁开发、谁收益的方式，吸引社会、个人和企业等力量，增加对网络教育的投资，同时吸引国际社会参与合作，多渠道筹措经费，增加对网络教育建设的投资，特别是要大力增加对经济落后地区的投资，缩小地区之间的差距，促进网络教育水平再上一个新台阶。

引入市场竞争机制，加强教学软件、课件及教育信息资源建设。引入市场机制，促进软件基地建设。积极借鉴发达国家网络教育的发展经验，结合各省实际，应该倡导、鼓励和支持有实力的教育软件公司同教育科研专家及国内外先进的教育软件开发公司联合，建立软件产业基地。采取各种激励政策，如注入软件的研究开发资金，对做出突出成绩的单位和个人给予奖励等，以吸引产业集团和高校开发研制各类教育软件。采用各种激励机制，鼓励教师进行多媒体课件的制作和利用多媒体进行教学，对多媒体课件和科研成果，定期进行评定，对优秀的单位和个人实行奖励,并和定级晋升挂钩。在信息资源建设中同样要引进市场竞争机制,讲求投入产出的经济效益。

第三节　计算机网络环境下教育教学的反思

在网络时代的大背景下,产业环境极需具备高度创新能力的人才,信息化环境促使人们遨游于信息相对丰富的空间,具体到教育领域,信息技术得到了广泛的运用,发挥了举足轻重的技术性作用,同时,信息技术的普及和推广势必加速教学途径、教学手段、教学模式和教学内容的革新,最终使教学理念、教育思想和教育理论均发生深刻的变化。基于此,首先论述职业教育中网络信息教育教学中暴露的问题,接着深刻地反思网络信息教育教学。

一、网络信息在教育模式转变过程中的意义

网络信息不但是一类教学手段和教学理念,更是一类高效的学习途径,同时,还充当一类全新的教育教学组织形式。网络信息教育具备网络化、多媒体化、数字化、虚拟化和智能化等诸多特征。在信息技术突飞猛进的时代,对于职业教育学生学习能力的要求也在逐步提高,学生们要力求在较短的时间段内接受和掌握更为丰富的知识,进而向着高素质人才的培养方向有力迈进,然而,传统的教育教学效率已趋于饱和状态,教育的网络信息化正促使传统的教育模式出现根本变化,主要体现在以下几方面:

(1) 教学方式朝着信息化方向迈进,凸显学生的主体性作用。随着网络信息技术的日臻完善和成熟,教学必将从过往的以教师单方面传授知识变为以学生自主探究为主、教师点拨为辅的新型教学模式。学生在自主探究过程中,借助于各类网络信息技术手段成功地得到各种所需的知识,进而顺利地完成探究学习的任务。同时,学生们还可借由网络、多媒体等新媒介获取所需的教育信息,并快速搜索到各种有益的教育教学资源。

(2) 网络信息教育打破了传统的时空界限,使教育教学模式得到极大更新。在传统的教育模式中,共享教育资源、开展交互式学习、终身教育及"无墙教育"等诸多教育形式是难以做到的,网络信息教育作为一类崭新的教育方式,它的出现彻底打破了时空界限,经由计算机网络将各种教育资源延伸到全社会的每个地域,乃至整个国际社会,这才是现今真正层面上的"开放式大学"。

(3) 教师角色得到了根本性转变。伴随教育教学信息化时代的来临,教师的角色不再是将知识系统地传授给学生,而代之以指引学生们善于汲取和借鉴各种

前沿的知识和技能，引导学生们经由浏览各类电子图书、教育视频等途径按时完成大纲中所规定的专业课程。假若传统的教育模式是一位教师面向一批学生站在讲台上传授知识，而新型网络教育教学模式则正好相反，是一位学生坐在电脑面前，"身后"却拥有无数专家指导学习。网络信息教育使整个教学的开展方式发生了根本性的转变，教师仅履行筹划教学任务，辅导、点拨知识的职责，学生则成为教学的核心。

二、计算机网络教学中暴露的问题

（1）网络教育中未能充分地培养和造就学生的网络辨别能力。网络上拥有各种各样的信息，大多数均是学生成长和学习有正面影响的，然而，也有诸如垃圾信息、色情暴力信息、反动信息及冗余信息等对学生的身心健康发展不利的信息类型。除此以外，少数学生沉迷于网络游戏、聊天交友甚至进行一些对身心产生负面影响的网络活动。由于网络信息教育中未能将学生的网络分辨和识别能力的培养摆在重要位置，所以，极易造成学生在接触网络信息时迷失自我的状况。因此，教师要在教育过程中着力锻炼和塑造学生的自主甄别能力、强大的自我监督能力、较强的自主学习应用能力等，在教育教学实践的过程中，教师不能纯粹地只教书不育人，而要将两者统筹结合，提升学生的信息伦理意识、防范不良信息意识及判别网络信息的基本能力，进而自觉抵御腐朽的、落后的网络文化对身心的侵蚀，顺利地完成网络信息教育任务。

（2）网络教育中缺乏对学生计算机应用技能的培养。在网络教育中，一些学生虽能熟练地在网络上取得所需的信息，但仍存在相当一部分学生对计算机的基础常识及基本操作技能知之甚少，这类学生在网络环境中除会进行简单的游戏操作外，并未拥有熟练操作计算机的能力，在教育的每个环节，更好地培养全体学生的计算机应用技能成为一个永恒的课题。

（3）缺乏必备的实训基地及设备，学生实践机会较少，网络信息教育如若缺乏必备的实训仪器和设备，仅让学生们停留在对基本知识的理解和掌握层面，没能亲自尝试进行现场实践。网络教育的实践与计算机组装养护等教育专业不同，并非仅需一台计算机便能供全部学生实践，比如，要建设局域网就需有若干台机器设备，同时也离不开各种互不相同的网络器械和设备。因此，要为学生创建完备的、功能齐全的网络实验室，着力培养学生的实践技能，使网络信息教育教学活动更加适应技术发展需要。

（4）网络教育未能同就业完全挂钩。网络教学的主要目标便是培养相关专业的职业技术人才，胜任相关领域的工作，例如，网站的开发设计，局域网的建设和维护，网络信息的管理和应用等就业岗位。然而，事实上，仅有较少的学生能顺利担负相关的工作任务，为数不少的学生暂不具备同就业要求相符的职业技能。另外，不同学生之间的专业能力和素质不一，也在一定意义上给其顺利就业增加了难度。

三、对计算机网络信息教育教学的几点反思

（一）进一步深化计算机网络教育教学理论

目前对计算机网络信息教育的研讨大都集中在网络环境下的学生学习及其效果、基于网络环境下的教学模式及学习模式、基于网络环境下的教学资源和系统的开发、网络环境的教与学设计模型等，上述教育研究的内容构成了网络信息教学的主要框架[①]。

针对网络环境下学习效果欠佳的因素，除设计层面的原因外，受教育者在面对新型学习环境中，缺少相应的学习方法及学习对策，教师同学生之间必须尽快适应各自转变后的新角色，角色的转变预示着一个全新的适应历程，这在讨论基于网络环境下的学习效果时是不可或缺的一个要素。在基于网络环境的教学资源和系统开发上，现今所采用的教学系统主要以教学纸质材料为主，教学质量和效益相对低下，这些教学系统的一个突出特征便是把行为主义意义上的"刺激-反应"常识纳入网络空间中，把网络当作是传递知识的新渠道，接受知识的学习人员自然从通过听力灌输转变成通过眼睛灌输。

（二）加强教师的职业素质

建设计算机网络仅是信息教育教学的一类辅助性手段，决不能代替教师，即使是在当前技术高度成熟的网络信息时代，学生基本专业技能的培养，仍然主要通过教师的传授取得。另外，对于社交能力及操作能力这类通过亲身参与才会产生的能力就有赖于真实的环境平台做后盾，进而在实践的过程中去领会和感知。

事实上，传统意义上的教育模式正好营造了这种环境，学生们可亲自操作信息设备，师生之间能方便地实现基本沟通，学生们的专业素质依靠教师的不断指引而全面进步，而在网络信息教育模式下的学生，所面对的仅是一台"情感"缺失的计算机，能操作的设备只有恒定不变的鼠标和键盘。所以说，师生之间的沟通是整个网络信息教育中不可忽视的重要一环，传统的人际交流、人与人之间的思想沟通是网络信息教育所不能企及的，人们相互之间进行思想、行为、精神的交流和传播，对于人类知识的汲取和能力的改善具有永恒不变的魅力。

---

① 王静. 对计算机网络信息教育教学的反思[J]. 电脑编程技巧与维护，2014(02).

(三) 加大软硬件的建设力度

网络信息教育教学中必须强化软硬件建设的步伐,具体而言,在教学设计及施行的全过程中,需各种信息资源及信息工具的有力支持,要开展一场别开生面的网络信息教学活动,在软件层面上,需进一步搭建应用软件的平台,积极尝试运用多媒体这一视听结合的新媒介,展示优质课件及教学案例,同时,软件平台还能将电子文献、电子教案和题库等有益的教学材料得以生动展现;在硬件层面上,需进一步完善和健全网络教育的硬件场所设施。

(四) 强化网络教育的研究,进一步发挥学生的自主性

网络信息教育中推进师生教学理念的彻底转变刻不容缓。传统的教学偏重于教师"一言堂"的灌输,学生们被动地接受知识,彼此缺乏互动,使教学效果大打折扣。网络教育时代背景下新型教师观的建立,需要教师从过去单一的传授知识变为现今做好教学管理,这就需要教师不失时机地更新知识结构及专业技能;学生则从被动地聆听知识变为课堂教学的主人公,也是教学知识的承担者和实践者,要具备创造性和自主性。

计算机网络信息教育的现代化不但需要前沿的教育设备,同时也要依靠先进的教育理念、教育手段和异常丰富的教育资源,进而科学明确新型教育内容和教育手段,促进教育教学效果的稳步提高。

第七章　计算机网络教育的展望

　　网络教育是新生事物,产生与发展的时间不长。网络技术还在迅速发展中,网络技术与教育的结合日臻完善,人们对网络教育的认识也在不断深化和不断完善。当前对网络教育的认识有多种观点,归纳起来主要有以下几种。

　　(1) 网络是人们生存与发展的工具,是人们用来处理信息、传播信息的一种有用工具,是人类感官及功能延伸的工具。微软公司总裁比尔·盖茨提出,网络在未来社会就像现代社会家庭中配备的螺丝刀,应该使学习者有一种使用信息工具来帮助自己进行脑力劳动的意识,同时培养学习者使用常用的信息工具来解决学习与生活中的问题,从而使网络成为人类认知世界的利器。

　　以多媒体教学技术和网络技术为核心的现代信息技术成为最理想、最实用的认知工具。学生以一种自然的方式对待信息技术,把信息技术作为获取信息、探索问题、协作解决问题的认知工具,并且对这种工具的使用要像铅笔、橡皮那样顺手、自然。培养学生学会把信息技术作为获取信息、探索问题、协作讨论、解决问题和知识构建的认知工具,将信息技术作为演示工具、交流工具、个别辅导工具、情境探究和发现学习工具、信息加工与知识构建工具、协作工具、研发工具、情感激励工具等。

　　(2) 网络教育是一种环境。网络可营造一种虚拟的、信息快速更新的环境。随着网络技术的发展,特别是虚拟现实技术的完善和更新,学习环境正经历着由场所向氛围、由物理向非物理、由实到虚的转变。网络环境是一个开放的环境,是一个鼓励自主学习的环境,是一个培养想象力和创造力的环境,网络教育是一种文化。人们的工作与生活都离不开使用网络,人类需要除了读、写、算文明以外的新的文明基础,即网络文化。如果人们达不到网络文化的基本要求,将无法适应网络信息社会学习、工作和生活的需要,无法参与竞争,成为网络社会的"文盲"。网络已以一种文化的角色在影响着师生的交互方式、思维和观念。

　　(3) 网络教育是一种学习方式。网络教育是以计算机、多媒体、通信技术为主体,以学员个人自主的个性化学习和交互式集体合作学习相结合的一种全新的学习方式。

　　(4) 网络教育是一种教育理念,是对人类教育自由的崇尚与人性自然的顺应,即为人类的教育消除各种限制与障碍提供最大限度的自由。网络教育不仅仅是一种方式方法,而是一种观念,是将教育融汇于受教育者的自然生活之中,按需求

第七章　计算机网络教育的展望

教育者的生存方式、生存需要、生活习惯、生活节奏、生活状态和生活喜好，来设计提供多种教育的形式，指导需求教育者主动地发自内心积极地选择最适合自身的形式来寻求教育。传统的教育只能照顾到一部分人，甚至是很少一部分人的发展，在很多情况下，多数人都成为陪衬者，多数人的潜能未能得到较好的开发。即使照顾少数人的发展，也是不全面的。这就违背了面向全体和教育平等的基本理念。网络教育为每个学习者提供比较充分和全面的教育，满足学习者全面而富有个性发展的要求，有利于发掘蕴涵的发展潜能。

根据网络教育的优缺点，将网络教育与传统的学校教育相结合，实现优势互补是未来教育的发展方向。这种教育模式打破了传统意义上的学校教育、教学模式，是一种全新的教育体系。在这样的教育体系中，网络学校、传统学校、教师、学生以及教育、教学评价方式都将发生巨大的变化。"网络学校"在教育过程中不再扮演配角，相反，它是活跃于教育舞台的主要角色，不再是传统学校的从属机构，而是与之抗衡的并行机构。

在未来的教育中，网络学校成为传播知识、创造知识、培养能力的主要场所，其核心任务是完成对学生必要的知识教学与能力发展。网络学校借助先进的网络技术，开发丰富的可视、可听、实时互动的网络课程和课件，为网络学习者提供丰富的课程与平等的教育机会。网络学校负责的是"学业教育"。

在未来的教育中，教师从直接的教育、教学工作者，变成学生学习、生活的指导者、协调者与服务者。服务于网络学校的教师，不再是知识的权威、课堂的权威，从真实的课堂走入虚拟的课堂，在网络技术的支持下，成为网络课堂的主持者，负责指导学习和反馈信息。而服务于传统学校的教师，从原来的知识教学的重任中解脱出来，其任务主要包括配合网络学校的课程，指导学生的"网外"实践操作，组织丰富的文体活动和社会实践活动，指导学生的身心健康发展等。此外，还有大批的教师从事网络课程的开发与研制。

在未来的教育中，学生的学习方式、活动方式将发生巨大变化。学生的学习是主动学习，可以足不出户，随时随地地学习网络课程，就所学的知识相互讨论，边思考边动笔，并在日常生活中灵活运用，真正将所学知识转化为自身财富的一部分。网络学习不仅是个体的主动学习，更是一种互惠互利的合作学习。网络上的交流方式，打开了师生、生生之间的交流之门，有助于广泛地开展合作学习。在网络学习之外，学生还有必要参与传统学校的"实践教育"，以弥补网络教育的缺陷。

在未来的教育中，对学生的考核方式也从原来单一的"考试"形式变为考试与实践并重的考核形式。网络学校按照其课程要求，以学分制的形式考核学生，达标者则授予相应的"学业证书"。传统学校则以实践活动的方式考核学生，达标者相应地授予"实践证书"。"学业证书"与"实践证书"并没有主次、先后之分，两者都是社会衡量和选拔人才的标准。未来的社会需要会驾驭网络的实践人才，这就需要网络教育与传统学校教育相结合，为培养新型人才提供环境和条件，这是未来教育的发展方向，也是人们努力实践的方向。

参 考 文 献

[1] 梁凡．浅议计算机教育信息化[J]．信息与电脑(理论版)，2010(01)．

[2] 杨丽坤，韩军强．略谈计算机教育信息化的发展和实施途径[J]．计算机与信息技术，2007(08)．

[3] 黄丽萍．人工智能技术在计算机教育信息化中的应用[J]．计算机光盘软件与应用，2014(10)．

[4] 张汉卿．软件开发技术在计算机教育信息化中的重要性[J]．现代交际，2015(07)．

[5] 石庆民，朱姗虹．计算机教育信息化中的安全性研究[J]．数字技术与应用，2011(08)．

[6] 张蜂皓．浅谈计算机教育信息化中的"教"与"学"[J]．大众科技，2006(07)．

[7] 汤颖，赵凯．浅谈计算机教育信息化模式下的新型教学[J]．科教导刊(上旬刊)，2011(01)．

[8] 王静．对计算机网络信息教育教学的反思[J]．电脑编程技巧与维护，2014(02)．

[9] 陈建伟，张辉．计算机网络与信息安全[M]．北京：中国林业出版社，2006．

[10] 谢希仁．计算机网络[M]．北京：电子工业出版社，2017．

[11] 王达．深入理解计算机网络[M]．北京：水利水电出版社，2017．

[12] 吴功宜，吴英．计算机网络高级教程[M]．北京：清华大学出版社，2015．

[13] 石淑华，迟瑞楠．计算机网络安全技术[M]．北京：人民邮电出版社，2016．

[14] 郑化浦．计算机网络技术实用宝典[M]．北京：中国铁道出版社，2016．

[15] 谢均，谢希仁．计算机网络教程[M]．北京：人民邮电出版社，2014．

[16] 梁城．计算机网络技术入门教程[M]．北京：人民邮电版社，2016．

[17] 莫卫东．计算机网络技术及应用[M]．北京：机械工业出版社，2015．

[18] 张春梅. 计算机网络技术基础[M]. 北京：电子工业出版社，2017.

[19] 徐劲松. 计算机网络应用技术[M]. 北京：北京邮电大学出版社，2015.

[20] 申普兵. 计算机网络技术基础[M]. 北京：人民邮电出版社，2011.

[21] 吴朔媚，宋建卫. 计算机网络安全技术研究[M]. 长春：东北师范大学出版社，2017.

[22] 雷建军. 计算机网络实用技术[M]. 北京：水利水电出版社，2012.

[23] 刘磊安. 计算机网络[M]. 北京：中国铁道出版社，2016.

[24] 张晓宁. 计算机网络信息安全及防护策略[J]. 网络安全技术与应用，2018(06).

[25] 鲁凌云. 计算机网络基础应用基础[M]. 北京：清华大学出版社，2012.

[26] 王建珍. 计算机网络应用基础实验指导[M]. 北京：人民邮电出版社，2013.

[27] 袁津生. 计算机网络与应用技术[M]. 北京：清华大学出版社，2012.

[28] 高清华. 计算机网络实用教程[M]. 北京：科学出版社，2012.

[29] 金蓉，高明，王伟明. 计算机网络实验[M]. 杭州：浙江大学出版社，2012.

[30] 芦晓丽. 计算机网络与安全管理[M]. 北京：化学工业出版社，2014.

[31] 刘化君. 计算机网络原理与技术[M]. 北京：电子工业出版社，2017.

[32] 臧海娟. 计算机网络技术教程[M]. 北京：科学出版社，2017.

[33] 周舸，李昕昕. 计算机网络技术基础[M]. 北京：人民邮电出版社，2017.

[34] 肖仁锋，尤凤英，刘洪海. 计算机网络技术与应用[M]. 北京：清华大学出版社，2016.

[35] 黄堃. 计算机网络信息安全防护措施[J]. 电子技术与软件工程，2018(12).

[36] 董宇峰，王亮. 计算机网络技术基础理[M]. 北京：清华大学出版社，2016.

[37] 魏权利，李丽萍，邵敏，杨爱光. 计算机网络技术与应用[M]. 北京：机械工业出版社，2013.

[38] 杨云江. 计算机网络技术基础及应用教程[M]. 北京：清华大学出版社，

2017.

[39] 张伟，杨华勇．计算机网络技术[M]．北京：清华大学出版社，2017．

[40] 方洁．计算机网络技术及应用[M]．北京：机械工业出版社，2017．

[41] 杨云．计算机网络技术与Internet[M]．北京：清华大学出版社，2016．

[42] 段标，尹晓勇．计算机网络基础[M]．北京：电子工业出版社，2012．

[43] 刘永华．计算机网络安全技术[M]．北京：水利水电出版社，2012．

[44] 李立功．计算机网络技术及应用项目教程[M]．北京：电子工业出版社，2017．

[45] 佟震亚，马巧梅．计算机网络与通信[M]．北京：人民出版社，2017．

[46] 张耀灿．思想政治教育学科建设研究[M]．北京：人民邮电出版社，2010．

[47] 刘化君．计算机网络原理与技术[M]．北京：电子工业出版社，2012．

[48] 张少军，谭志．计算机网络与通信技术[M]．北京：清华大学出版社，2017．

[49] 李永忠．计算机网络测试与维护[M]．西安：西安电子科技大学出版社，2011．

[50] 刘永华．计算机网络原理、技术及应用[M]．北京：清华大学出版社，2012．

[51] 刘军，闫芳，杨玺．物联网技术[M]．2版．北京：机械工业出版社，2017．

[52] 顾炯炯．云计算架构技术与实践[M]．2版．北京：清华大学出版社，2016．

[53] 汤兵勇．中国云计算应用丛书：云计算概论：基础·技术·商务·应用[M]．2版．北京：化学工业出版社，2016．

[54] 陈红松．云计算与物联网信息融合[M]．北京：清华大学出版社，2017．

[55] 刘鹏．云计算[M]．3版．北京：电子工业出版社，2015．

[56] 唐国纯．云计算及应用[M]．北京：清华大学出版社，2015．

[57] 刘化君，刘传清．物联网技术[M]．2版．北京：电子工业出版社，2015．

[58] 李天目，韩进．云计算技术架构与实践[M]．北京：清华大学出版社，2014．

[59] 杨正洪．智慧城市：大数据、物联网和云计算之应用[M]．北京：清华

大学出版社，2014.

[60] 杜小桂，张学军，赵建强. 物联网信息安全[M]. 北京：机械工业出版社，2014.

[61] 李虹. 物联网与云计算：助力战略性新兴产业的推进[M]. 北京：人民邮电出版社，2014.

[62] 郭广朋. 计算机网络安全问题及其防范措施[J]. 民营科技，2018(07).